写给青少年的

强国梦

To youth

What Defines a Powerful Nation

刘大胜 编著

当代中国出版社
Contemporary China Publishing House

图书在版编目（CIP）数据

写给青少年的强国梦 / 刘大胜编著. -- 北京：当代中国出版社，2024. 6. -- ISBN 978-7-5154-1400-3

Ⅰ. K209

中国国家版本馆 CIP 数据核字第 2024Z7P640 号

出 版 人　王　茵
责任编辑　徐　芳
责任校对　贾云华　康　莹
印刷监制　刘艳平
封面设计　鲁　娟
出版发行　当代中国出版社
地　　址　北京市地安门西大街旗勇里 8 号
网　　址　http://www.ddzg.net
邮政编码　100009
编 辑 部　（010）66572154
市 场 部　（010）66572281　66572157
印　　刷　中国电影出版社印刷厂
开　　本　710 毫米×1000 毫米　1/16
印　　张　12.5 印张　1 插页　123 千字
版　　次　2024 年 6 月第 1 版
印　　次　2024 年 6 月第 1 次印刷
定　　价　37.80元

目　录

001　引　言
没有比人更高的山，没有比脚更长的路！

003　第一章　国家兴衰
005　一、近代风云
011　二、摆脱贫困的千年追求
016　三、从总体小康到全面小康

023　第二章　革命风雨
025　一、孙中山的振兴中华
031　二、打倒列强除军阀
036　三、星星之火

043　第三章　改天换地
045　一、一寸山河一寸血
051　二、解放全中国
056　三、“进京赶考”

063　第四章　白手起家
065　一、“穷棒子社”翻身记
071　二、虎头山下大寨村
077　三、北大荒变成北大仓

083 第五章 奋勇向前
085 一、“人造天河”红旗渠
090 二、石油城市大庆
095 三、从无到有的攀枝花

101 第六章 改革春风
103 一、春天的故事
107 二、小岗村的壮举
113 三、从小渔村到大都市

119 第七章 先富带动后富
121 一、大眼睛的故事
126 二、“三西”扶贫记
131 三、华西村的辉煌

139 第八章 再创辉煌
141 一、上海浦东的崛起
145 二、天府之国成都
149 三、兰考的新生

155 第九章 新时代新征程
157 一、中国梦
162 二、防疫成就
167 三、喀喇沁旗的蜕变

173 第十章　复兴之路
175 一、三区三州攻坚战
180 二、十八洞村的质变
186 三、井冈山的幸福之路

192 结　语
历史铸就未来，时代铸就辉煌！

引　言　没有比人更高的山，没有比脚更长的路！

回首昨天，“雄关漫道真如铁”，中国人民不断抗争，掌握了自己的命运，成立了伟大的中华人民共和国。

把握今天，“人间正道是沧桑”，改革开放以来的政策得民心、体民意、暖人心，经过不间断地艰辛探索，终于找到了社会主义现代化建设的正确道路。

畅想未来，“长风破浪会有时，直挂云帆济沧海。”我们比任何历史时期都更接近中华民族伟大复兴和全面建成小康社会的目标，也比任何历史时期都更有信心、更有决心、更有能力实现这个目标。

每个人都有自己的梦想，每个地区也有自己的梦想，每个国家和民族同样有自己的梦想。当每个人和每个地区的梦想向着一个方向努力，就变成了国家和民族的愿景。

汉唐盛世已经久远，中华民族的辉煌可以再现。百余年奋斗征程，铸就了未来的光明之路。冲锋的号角已经吹响，胜利的凯歌已经奏响，奋斗的征程再次开启。

历史的长河奔腾不息，历史的天空充满奋斗与荣光，美好的生活将呈现在眼前。万众一心，众志成城，撸起袖子加油干，不负韶华，努力前行，必然会实现中华民族的伟大复兴，屹立于世界民族之林。

没有比人更高的山，没有比脚更长的路！

中国的复兴之路再坎坷，终究会被中国人民坚实的步伐踏平。

第一章
国家兴衰

近代以来，我们曾经沉沦，曾经蹉跎，曾经无助，有过一段时间的低谷期。直到中国共产党成立，中国人民才有了主心骨，中国人民才找寻到了民族复兴之路。在中国共产党领导下，中国人民建立了社会主义制度，并在各方面建设中取得巨大成就。改革开放后，中国不但解决了困扰中国人千年的温饱问题，而且全面建成了小康社会。东方的巨龙再次飞翔于九天之上，给世界带来无限的惊喜。

一、近代风云

由刘德华演唱的歌曲《中国人》传遍大江南北和长城内外："五千年的风和雨啊，藏了多少梦。黄色的脸黑色的眼，不变是笑容。八千里山川河岳，像是一首歌。不论你来自何方，将去向何处。一样的泪，一样的痛，曾经的苦难，我们留在心中。一样的血，一样的种，未来还有梦，我们一起开拓。手牵着手不分你我，昂首向前走，让世界知道我们都是中国人……"

这首歌不仅唱出了中国人的过往，也唱出了中国人的心声。黄河和长江日夜流淌，古圣和先贤在这里建家园。无论是四大发明，还是丝绸之路，都是中国人对世界的贡献。犯我强汉者，虽远必诛，中国人昂首挺胸屹立于世界的东方。黄皮肤、黑眼睛的中国人有着无比辉煌的过去，创造了无比灿烂的文明。

可是到了近代，中国历经磨难，一度跌落到了谷底。哪怕是国土面积只有几万平方公里的小国都跑过来耀武扬威，架起几尊大炮胁迫清政府签下城下之盟。大清号称有 20 万八旗兵、60 万绿营兵，在外国侵略者面前却不堪一击，毫无还手之力。

那时候，每场战争的结局只有一个，就是失败，然后割地、赔款、开放通商口岸。历史变迁，时空已经转换，留下的问题却值得深思。历史昭示未来，中国人需要客观公正地认识历史，避免同样的悲剧再次发生。

1840年，英国远征军来到中国，一路攻城略地，东南半壁河山无一处净土、无一日宁静。道光皇帝一筹莫展，派去的大臣非死即伤，调遣的军队一触即溃。长矛大刀面对英军的来福枪，不过是一堆废铜烂铁，八旗兵和绿营兵成了英军的人肉标靶。英军攻进长江内河，占领了虎踞龙盘的江宁，割断了东南漕运，大清君臣只好承认败局。

1842年8月，道光皇帝派遣大臣耆英、伊里布等人同英国全权代表璞鼎查签订屈辱的《南京条约》。中国割让香港岛，开放广州、厦门、福州、宁波、上海五处通商口岸，赔偿英国人2100万两银圆。随后，美国人强迫清政府签订《望厦条约》，法国人强迫清政府签订《黄埔条约》，中国又失去了领事裁判权和部分宗教管理权。

鸦片战争的失败没有惊醒沉睡的中国人。即使是打败了，被派去的议和官员还称自己是“赐和”而不是“求和”。魏源编写的《海国图志》没有多少人阅读，似乎屈辱很快被淡忘，伤疤很快愈合。

只有道光皇帝觉得愧对列祖列宗，临死时对臣子下令，不要将他的神牌供奉在天坛和太庙，不要为他建神功圣德碑，也不要写什么歌功颂德的碑文。只需要将他生前穿过的衣服供奉起来，以示节俭和怀念，自鸣钟内的砚墨没有必要长期保留。

道光皇帝从来不认为国家体制出了问题，不会想到即使再与外国侵略者对战100次，也打不赢一次。20岁的咸丰皇帝即位了，与他的父祖一样沉睡在天朝上国的春秋大梦中。

士大夫阶层还在口诵孔孟之道，言说程朱理学，平时闲坐谈空性，临危一死报君王。即使是后来崛起的曾国藩，在京官行列中同样没有前瞻之举，每天除了上衙门、交朋友，就是研读《朱子全书》，对西方没有一点了解的渴望和兴趣。

此时的中华大地风雨飘摇，农民起义此起彼伏。洪秀全、杨秀清等人发动金田起义，率领太平军一路北上攻占了武汉三镇，然后顺江而下占领了江宁，建立了与清朝对峙的割据政权。

清朝的漕运再次被割断，咸丰皇帝派去的将领根本不顶用，面对山河破碎束手无策。太平天国的北伐军越过长江和黄河，攻入天津附近，这可吓坏了咸丰皇帝。幸亏有蒙古王爷僧格林沁率领蒙古马队剿灭北伐军，才免了惊扰圣驾。

国内的“小民”不再顺从，国外的洋人也来捣乱。按照之前定下的修约条例，英国和法国派人来中国修约。咸丰皇帝不愿意直接和这些西方来的“蛮夷”打交道，坚持地方督抚负责此事。两广总督叶名琛秉承咸丰皇帝的意思，就是一个“拖”字诀。外国人几番前来，碰到的都是叶名琛打太极式的回答，根本不往正题说。

1856年，英国人借“亚罗号事件”、法国人借“马神甫事件”组成了英法联军，来到中国沿海。俄国人和美国人在旁边趁火打劫，也想捞一把。咸丰皇帝命令地方督抚严加防范，只要蓝眼睛、高鼻梁的洋人别到京畿地区，别在自己的眼皮底下出现，什么都不是问题。

八旗兵和绿营兵根本不是现代意义上的国防军，勉强算“武装警察”，抵抗不了洋枪洋炮。两广总督叶名琛既不积极防守，也不主动进攻，而是“高谈尊攘，矫托镇静，自处于不刚不柔、不竞不绣之间”。他在总督衙门建了一个“长春仙馆”，供奉吕洞宾、李太白，遇到军国大事就向二位“上仙”求一卦，算得十五天内必定无事。叶名琛便安心理得地坐在衙门里，告诫下属莫要惊慌。

结果英法联军第十四日攻占广州，俘虏了叶名琛，第十五日战事确实结束了。当时有民谣讽刺叶名琛：“叶中堂，告官吏，十五日，必无事。十三洋炮打城惊，十四城破炮无声，十五无事卦不灵。洋炮打城破，中堂仙馆坐。忽然双泪垂，两大仙误我。”

叶名琛被带到了印度的加尔各答，自封“海外苏武”，又是吟诗又是作对，声明自己不死誓要与英国国王“当面理论”，论出个是非曲直。时人讽刺叶名琛：“不战不和不守，不死不降不走，相臣度量，疆臣抱负，古之所无，今亦罕有”，给他安了一个“六不总督”的名号。

第二次鸦片战争断断续续地打了四年，英法联军先是攻占了天津，后来又攻占了北京，烧毁了被称为“万园之园”的圆明园。咸丰皇帝逃到了承德，留下六弟恭亲王奕訢留京谈判。谈判“成功”了，大清又是割地、赔款、开放通商口岸，另外还允许外国公使驻京。

血气方刚的咸丰皇帝实在不想看到这些洋人，滞留承德避暑山庄迟迟不回。圣帝明君的志向已经远去，中兴之主的梦想也被打碎。他听戏曲、饮醇酒、喝鹿血，纵情声色犬马，尽情挥霍着生命。塞北的寒风不能抚慰受伤的心灵，过度的纵欲摧毁着他的身体，刚满30岁的咸丰皇帝驾崩了。

随后，两宫太后和恭亲王奕訢发动政变，解决了咸丰皇帝留下的顾命八大臣，开启了所谓的“同治中兴”。南方的太平天国很快被平定，中外没有了战事。奕訢、曾国藩、李鸿章、左宗棠、张之洞倡导洋务运动，遭到了大学士倭仁和一众士大夫的反对。倭仁认为，“立国之道，尚礼仪不尚权谋；根本之图；在人心不在技艺”，应该“以忠信为甲胄，礼仪为干橹”，抵御外侮。

洋务运动举步维艰，无论是训练陆军、建设海军、兴办军工企业，还是修筑铁路、派遣留学生、兴办民用企业，处处受到阻挠。中国的工业化和现代化有了零的突破，但仅仅是突破，并没有大发展。

洋务运动的代表人物李鸿章对此也有认识，他说：“我办了一辈子的事，练兵也，海军也，都是纸糊的老虎，何尝能实在放手办理？不过勉强涂饰，虚有其表，不揭破犹可敷衍一时。如一间破屋，由裱糊匠东补西贴，居然成二净室，虽明知为纸片糊裱，然究竟决不定里面是何等材料。即有小小风雨，打成几个窟窿，随时补葺，亦可支吾应付。乃必欲爽手扯破，又未预备何种修葺材料，何种改造方式，自然真相破露，不可收拾。但裱糊匠又何术能负其责？”[①]

一场甲午战争，清朝在陆海两个战场均遭败绩，连洋务运动盛开的那株最绚丽的花朵——北洋海军也全军覆没，印证了李鸿章作为一个“裱糊匠”的悲哀与无助。蕞尔小国日本都能打败作为老大帝国的清朝，其他列强纷至沓来，掀起了瓜分中国的狂潮。

中国面临着生死存亡，维新派康有为明言：“吾中国四万万人，无贵无贱，当今日在覆屋之下、漏舟之中、薪火之上，如笼中之鸟、釜底之鱼、牢中之囚，为奴隶，为牛马，为犬羊，听人驱使，听人宰割，此四千年中二十朝未有之奇变。加以圣教式微、种族沦亡，奇惨大痛，真有不能言者也！”[②]

维新思潮蓬勃兴起，清朝自上而下开始了变法。不幸的是，戊戌变法仅仅过了百日，就因为政争夭折了。戊戌政变让光绪皇帝和慈禧太后彻底撕破了脸，一场改良引来腥风血雨，“戊戌六君子”审也不审就在菜市口被砍了头。

大清的政治氛围急剧恶化，向保守的方向快速发展。义和团运动旋起绝灭，八国联军侵占华北，丧权辱国的《辛丑条约》签订，让臣民对清政府的信心崩解。

《辛丑条约》签订后，清朝被迫重拾戊戌变法时期的改良政

① 吴永口述，刘治襄笔记，李益波整理：《庚子西狩丛谈》，中华书局2009年版，第121页。

② 姜义华、张荣华编校：《康有为全集》第4册，中国人民大学出版社2007年版，第57页。

策，开始了所谓的“清末新政”。政治、军事、经济、文化、教育等方面的改革次第展开，似乎又让人看到了曙光。不过，清朝的上层不想还权于民，迟迟不愿建立具有民意基础的国会和责任内阁。万般催促之下，搞出了一个资政院，又搞出了一个“皇族内阁”，让人们看清了清朝政权和八旗权贵的本质。

部分汉族士绅官僚对清政府彻底失望，新政训练出来的新军蠢蠢欲动，成了清朝的掘墓人。革命党几次三番发动起义，革命的浪潮如怒涛排壑，一发不可收拾，淹没了阻挡历史车轮前行的跳梁小丑。

但是，孙中山等革命派没有从根本上改变近代中国的命运。直到中国共产党成立，中国人民的革命事业才翻开崭新的一页。经过 28 年艰苦卓绝的奋斗，中国共产党领导中国人民推翻了帝国主义、封建主义、官僚资本主义三座大山，建立了中华人民共和国，真正走上了民族复兴与人民幸福之路。

二、摆脱贫困的千年追求

俗话讲，“人生”二字，“吃穿”二字，吃饱穿暖是普罗大众不变的追求。自从华夏大地有了人类的足迹，人们就在为吃得饱、穿得暖而努力。在原始社会，先民们披荆斩棘，筚路蓝缕，依靠简单的狩猎和种植维持生活。但是，食物不充足也不稳定，还要遭受自然灾害和野兽的侵袭，时常迁移居住地。

中国古代的哲人描述原始社会，总是带着美好的想象。比如大同社会，人不独亲其亲，不独子其子，使老有所终，壮有所用，幼有所长，矜、寡、孤、独、废、疾者皆有所养。这些描述与事实并不相符。

据有关学者研究，山顶洞人的平均年龄只有 26.4 岁，可见生活多么艰辛。很多小孩刚出生就夭折，在新旧石器的遗址中留下大量骸骨。原始社会生产力非常落后，连基本的温饱都保证不了，哪有描述得那么美好。

后来人们憧憬的小康社会，与大同社会一样仅仅是一种社会理想。夏商周三代时期，人们劳动时使用的主要工具依然是石器，偶尔使用青铜器。低下的生产力导致粮食产量上不去，无法养活太多的人口。人类抵御自然灾害的能力很弱，尤其是洪水肆虐时刻，会严重影响人们的生产生活。

黄河是中国的母亲河，冲击出一片平川，带来肥沃的土壤。但它有时也像一匹奔腾的巨龙，不受人控制，随时可能越过堤坝，吞没一片片农田和村落。传说尧舜禹时期，黄河泛滥，天下汹汹，人们纷纷搬到山上。大禹率领民众整治洪水，三过家门而不入，最终制服了水患。

商朝地处黄河下游，同样受到水患的威胁，自契至汤共迁都 8 次，自汤至盘庚迁都 5 次。直到盘庚把都城迁到殷，统治中心才稳定下来，人们的生产生活才免受洪水的威胁。当然，随着泥沙抬高河床，黄河在中国历史上多次改道，形成了大面积的黄泛区，无数人流离失所。

春秋战国时期，铁器和农耕的出现提高了生产力水平，粮食产量大幅度提升。但诸侯之间征战不休，人们始终在饥寒交迫中艰难度日。

孟子作为当时重要的思想家，勾画了一幅理想社会的图景：五亩之宅，树之以桑，五十者可以衣帛矣。鸡豚狗彘之畜，无失其时，七十者可以食肉矣。百亩之田，勿夺其时，数口之家可以无饥矣。谨庠序之教，申之以孝悌之义，颁白者不负戴于道路矣。

这幅田园图景只存在于理想，不存在于现实。即使这样的理想景象，也只是七十老翁可以吃上肉。后人有诗，人生七十古来稀，又有多少人能够活到七十？秦朝统一六国，战争已经结束，百姓本来可以过上安定的生活，无奈徭役不断，赋税不停。孟姜女哭长城的民间故事就发生在这个时期。统治者不爱惜民力，取之尽锱铢，用之如泥沙，最终导致秦末农民大起义。

从此，中国王朝循环着兴衰成败的圆周怪圈。旧王朝被推翻，新王朝建立后轻徭薄赋，尽量让农民摆脱贫困，取得一定效果，达到所谓的“小康”。但后世皇帝往往不再以民为本，而是滥用民力，加上外戚专权、宦官干政、党争迭起和外族入侵，王朝走了下坡路。土地集中在少数大地主手里，普通农民没有生活来源，一场天灾打破农民最后一线生机，只能揭竿为旗，斩木为兵，发动农民起义。

王朝的兴衰成败有其客观规律，但无论发展到那个阶段，普通农民的生活始终艰难。正如张养浩在《山坡羊·潼关怀古》中所述：峰峦如聚，波涛如怒，山河表里潼关路。望西都，意踌躇。伤心秦汉经行处，宫阙万间都做了土。兴，百姓苦；亡，百姓苦！王朝的兴亡一次次循环，百姓的生活状况在兴亡之间略有差别，但并没有根本的改变。

即使是所谓的盛世和小康，比如，文景之治、元嘉之治、贞观之治、开元之治、康乾盛世，王朝层面有文治武功，民众方面没有彻底摆脱贫困。以康乾盛世论，所谓的盛世之下掩盖着太多的饥馑、灾荒和贫穷。

乾隆皇帝八十大寿时，英国派遣马戛尔尼作为全权大使，以给乾隆皇帝祝寿为名，开启中英两国之间的贸易谈判。他们怀着对《马可·波罗行纪》的向往，来到了东方的古老国度，看到的景象却完全打破了他们的幻想。

路上所见都是瘦弱的人，据使团成员回忆，只有官员士绅肥头大耳，其他人都瘦弱不堪。每次接到残羹剩饭，这些瘦弱的人都要千恩万谢。用过的茶叶，他们总是贪婪地争抢，然后煮水泡着喝。

此时的英国已经经过了工业革命，不但资产家获得了巨额财富，就连普通工人也摆脱了绝对贫困。英国汉普郡农场的一个普通雇工，早餐吃的是牛奶、面包和前一天剩下的咸猪肉，午饭吃的是面包、奶酪、少量的啤酒和腌猪肉，晚饭吃的是面包和奶酪，星期天还能吃上鲜猪肉。这些远远不是当时的中国农民所能相比的。

到了晚清、民国时期，中国遭受外敌入侵和数不尽的赔款，贫困现象更加严重。因为贫穷，游民四起，社会动荡不安，起义和革命此起彼伏。洪秀全发动金田起义，建立太平天国，颁布了革命纲领性文件——《天朝田亩制度》，把田亩分为九等，确立了平均分配土地的原则和方法。《天朝田亩制度》志在建立“四有二无”的理想社会，“有田同耕，有饭同食，有衣同穿，有钱同使，无处不均匀，无人不饱暖”，带有浓厚的理想主义和平均主义意味，指向了土地分配问题。

农民的贫困问题和土地息息相关，土地占有的多少决定了贫困与否。近一百多年的历史表明，谁解决了农民的土地问题，谁就获得了摆脱贫困的一把钥匙，也获得了最广大人民的支持。太平天国没有解决农民的土地问题，自然没有取得成功。孙中山的“平均地权”没有落到实处，同样没有取得成功。

1926 年 9 月，毛泽东撰写了一篇《国民革命与农民运动》，明确提出：“农民问题乃国民革命的中心问题，农民不起来参加并拥护国民革命，国民革命不会成功；农民运动不赶速地做起来，农民问题不会解决；农民问题不在现在的革命运动中得到相当的解决，农民不会拥护这个革命。”①

为了获得第一手材料，毛泽东深入湖南五个县考察农民运动，撰写《湖南农民运动考察报告》。在他看来，土地资料占有

① 中共中央文献研究室编：《毛泽东文集》第 1 卷，人民出版社 1993 年版，第 37 页。

的多寡决定了贫困与否，也决定了革命与否；乡村中坚定革命的是贫农，他们是土豪劣绅的死对头，会毫不迟疑地起来革命，向土豪劣绅的堡垒进攻；中农的态度是游离的，富农的态度是消极的，地主的态度则是完全反对的。

大革命失败后，毛泽东率领秋收起义的部队转进罗霄山脉，建立了井冈山革命根据地。1928 年 12 月，毛泽东主持制定了中国共产党历史上第一个土地法——《井冈山土地法》，开始打土豪、分田地。贫苦农民获得了土地等生产资料，贫困状况得到了缓解，自然加入革命。

一批批革命者走上反抗之路，为革命源源不断地输送人力、财力和物力，一波波的革命浪潮席卷整个中国。革命战争年代，中国共产党的土地政策有所调整。但不管怎样变化，都是为了实现耕者有其田。中华人民共和国成立，开启了中国人民彻底告别贫困、实现小康的征程。

三、从总体小康到全面小康

“小康社会”是中国历史发展过程中形成的社会理想，寄托着中国人民对美好生活的憧憬。改革开放以来，“小康”被邓小平引入中国共产党的话语体系，成为社会主义初级阶段的奋斗目标。从总体小康到全面小康，是中国共产党对全国各族人民的庄严承诺，体现了社会主义现代化建设的阶段性和进步性。

“小康”一词在中国出现得很早，最早见于第一部诗歌总集——《诗经》:“民亦劳止，汔可小康。惠此中国，以绥四方。”战国时期，诸子百家都表达着对小康的理解与渴望，其中以儒家最成系统，对后世影响最大。

儒家认为，“小康”与“大同”相对，是一种靠礼法和尊卑观念维持的社会，是大同社会消失后的替代方案。在小康社会，百姓安居乐业，幸福安康，社会有序运行。

其后，不同时代的人们赋予它新的时代内涵，反映了人们对于宽裕、殷实、稳定、安康生活的向往与追求。到了近代，康有为和孙中山等先贤对“小康”又有了全新的阐释，将富民、强国、现代化贯彻其中。

中国共产党早期话语体系中没有“小康”一词。作为古老中国的一种美好愿景，“小康”是几千年中国人民努力的方向。建设具有中国特色的社会主义需要从传统文化中汲取营养，在历史和未来之间找寻一个有效的连接。

新中国提倡的工业学大庆、农业学大寨，本质上也是为了实现人民富裕，只是没有标明“小康”二字。改革开放后，邓小平对“小康”重新定义，赋予其马克思主义的内涵，将其作为中国式现代化的阶段性目标。

1979 年 12 月，邓小平在北京会见日本首相大平正芳时明确提出:“我们要实现的四个现代化，是中国式的四个现代化。我们的四个现代化的概念，不是像你们那样的现代化的概念，而是‘小康之家’。到本世纪末，中国的四个现代化即使达到了某种目标，我们的国民生产总值人均水平也还是很低的。”[①]

这是邓小平第一次用“小康”描述中国未来20年的发展前景，“小康”一词正式进入中国共产党的话语体系。20世纪80年代，邓小平对“小康”的概念进行了深化，将社会发展的阶段性与小康联系在一起，大大丰富了其内涵。作为改革开放的总设计师，邓小平的深入思考为中国的现代化建设规划了宏伟蓝图。

1987年4月，邓小平在会见西班牙客人时，全面阐释了他的“三步走”发展战略。这个战略被写入党的十三大报告，成为党的行动纲领。大体来说，第一步是到20世纪80年代国民生产总值翻一番；第二步是到20世纪末再翻一番，人均国民生产总值达到一千美元；第三步是到21世纪中叶再翻两番，达到中等发达国家的水平。

按照这个规划，完成第二步目标就算实现了小康。当然，中国共产党的小康社会不是古代小康的再现，而是以人民吃穿不愁、安居乐业、共同富裕为发展目标。它上承温饱型社会，下启基本实现现代化，是社会主义现代化建设的一个阶段。

1991年，国家统计局与计划、财政、卫生、教育等12个部门的研究人员组成了课题组，按照党中央、国务院提出的小康社会内涵，制定了全国人民、全国农村、全国城市3个不同但

① 《邓小平文选》第2卷，人民出版社1994年版，第237页。

相互关联的小康社会基本标准。其中，“全国人民小康社会的基本标准”包括经济水平、物质生活、人口素质、精神生活、生活环境等5个方面16个指标。

具体来说，经济水平包括一个指标，即人均国内生产总值2500元，按1980年的价格和汇率计算，2500元相当于900美元；物质生活包括8项指标，即城镇人均可支配收入2400元、农民人均纯收入1200元、城镇人均住房面积12平方米、农村钢木结构住房人均使用面积15平方米、人均蛋白质摄入量75克、城市每人拥有铺路面积8平方米、农村通公路行政村比重85%、恩格尔系数50%；人口素质包括3项指标，即成人识字率85%、人均预期寿命70岁、婴儿死亡率3.1‰；精神生活包括2项指标，即教育娱乐支出比重11%、电视机普及率100%；生活环境包括1个指标，即森林覆盖率15%；另外还包括农村初级卫生保健基本合格县比重为10%。

经过10多年的发展，中国发生了翻天覆地的变化，城乡收入大幅度提升，居民生活水平和消费水平明显提高，贫困人口迅速减少，基本完成了既定的各项指标。2000年10月，党的十五届五中全会指出：“我们已经实现了现代化建设的前两步战略目标，经济和社会全面发展，人民生活总体上达到了小康水平，开始实施第三步战略部署。这是中华民族发展史上一个新的里程碑。”①

---

① 中共中央文献研究室编：《十五大以来重要文献选编》中，人民出版社2001年版，第1369页。

总体小康是从整体、全局和平均的角度讲，很多方面还存在提升的空间。党的十六大提出，我国的小康社会呈现低水平、不全面、发展不平衡的特征，必须向高水平、全民和发展平衡的方向迈进。

低水平指的是还有很多人没有进入小康，人均 GDP 也不高，只相当于中下收入国家的水平，与发达国家的差距很大，仅相当于日本人均 GDP 的 2.3%；不全面指的是侧重物质文明，对精神文明、政治文明、生态环境以及可持续发展的重视程度不足；发展不平衡指的是小康人口在全国分布不平衡，城乡、地区、不同群体收入之间差异明显。

针对总体小康需要改善的地方，中国共产党提出了全面建设小康社会的目标，开启了 21 世纪的新征程。党的十八大又在十六大和十七大基础上提出新目标，即全面建成小康社会。从“人民总体得到小康”到“全面建设小康社会”再到“全面建成小康社会”的转变，体现了思想认识的深化。中国从侧重经济和物质层面，逐步扩展到侧重包括政治、文化、社会、生态各个领域，体系更加完整，解决的问题更有针对性。

全面建成小康社会是中国小康战略的最后一步，重在全面性和完成性。全面性决定了小康社会一定要覆盖全中国各个群体、各个阶层、各个领域、各个行业，不让一个困难群众掉队；完成性意味着小康社会的目标和指标更加明确，切实完成各项任务，不能拖延，不能迟疑，更不能弄虚作假。

党的十八大指出，建设中国特色社会主义要坚持“五位一体”总体布局和“四个全面”战略布局，走经济、政治、文化、社会、生态文明共同发展的道路。针对不平衡、不协调、不可持续等突出矛盾，修订或增加了一些指标，强化发展过程中的质量和效益。

习近平总书记曾说：“人民对美好生活的向往，就是我们的奋斗目标。”[①] 全面建成小康社会不仅是中国人民梦寐以求的夙愿，也是实现中华民族伟大复兴的里程碑。

历史总是眷顾充满斗志的奋进者和拼搏者，抛弃踟蹰不前的犹豫者和懈怠者。经过百年的努力，中国共产党领导中国人民实现了从站起来、富起来到强起来的伟大飞跃，开启了古老中国的重生，这是历史的选择，也是人民的选择。

改革是国家发展的动力，要有自我革命的勇气和魄力，刀刃向内，破除一切阻碍科学发展的思想观念和体制弊端。创新是一个民族进步的生命力，要鼓励创新思想，建立健全创新机制。民生与人民群众关系最紧密，一切发展都以民生为本，一切进步都以民生改善为最终目的。

冲锋号早已吹响，光明的前景已经呈现。未来的几十年，中国共产党领导全国各族人民，团结一致，万众一心加油干，越是艰险越向前，才会再创辉煌，最终实现中华民族伟大复兴的中国梦。

① 中共中央文献研究室编：《十八大以来重要文献选编》上，中央文献出版社2014年版，第70页。

第二章
革命风雨

中国近代史，既是一部屈辱史，也是一部抗争史。晚清时期，中国经历了一次次战败，签订了一个个丧权辱国的不平等条约。民国前期，形式上的共和体制没有带来民族解放和国家振兴，帝国主义在中国依然享有数不尽的特权。先进的知识分子一直在寻找革命的真理，最终促成中国共产党的诞生。

一、孙中山的振兴中华

孙中山先生被中国国民党尊称为“中华民国国父”，也被毛泽东称为“中国近代最伟大的革命先行者”。习近平总书记曾发表重要讲话，号召人们学习孙中山先生“热爱祖国、献身祖国的崇高风范”“天下为公、心系民众的博大情怀”“追求真理、与时俱进的优秀品质”“坚韧不拔、百折不挠的奋斗精神”。[①]每逢五一、十一节日，北京天安门广场上都会竖起孙中山先生的巨幅画像，供人们瞻仰和缅怀。

为什么孙中山能够获得海内外广大中国人的尊敬？这要从他所处的时代说起。孙中山出生的时代，列强肆意侵略中国，给中华民族带来了深重的灾难。民族危机加深激发了中华民族的觉醒，促使中国人思考、探索和奋起。先进的中国人开始睁眼看世界，提出各种改革主张，为中华民族的再次崛起和强盛贡献一份心力。

孙中山出生于广东省香山县翠亨村一户农民家里，在家中排行老三，幼名“帝象”，七岁时进入私塾接受传统教育。广东省地处祖国南疆，接受欧风美雨的浸染较深。当时很多人下南

① 习近平:《在纪念孙中山先生诞辰150周年大会上的讲话》,《人民日报》2016年11月12日。

洋、闯荡美洲，开创了一片天地。孙中山的长兄孙眉很早出洋闯荡，在美国置办了家业。为了让孙中山接受更好的教育，孙眉把他接到夏威夷檀香山。

孙中山始见“沧海之阔，轮舟之奇”，进入英国国教会开办的“伊奥拉尼学校”（Iolani School），学习英语、英国历史、数学、化学、物理、圣经等科目。1882 年，孙中山正式毕业，获得夏威夷国王亲自颁发的英语文法优胜奖。之后，他进入当地最高学府——美国教会学校“奥阿胡学院”（Oahu College）继续中学学业。因为始终在教会学校上学，孙中山逐渐信仰了基督教。

1883 年，孙中山回到家乡，冬天时到香港就读于拔萃书院，与陆皓东一起受洗礼，加入了基督教。1892 年 7 月，他于香港西医书院毕业，成绩排名第二，香港总督亲自为其颁奖。之后，他在澳门、广州等地行医，渐生了民族主义，与陈少白、尤列、杨鹤龄畅谈革命，被时人称为“四大寇”。孙中山更是自命“洪秀全第二”，秘密联络会党。

此时的孙中山，没有完全放弃体制内改良的幻想。他于 1894 年上书直隶总督、北洋大臣李鸿章，提出“人能尽其才，地能尽其利，物能尽其用，货能畅其流”的主张，希望清朝政府顺应历史潮流，做出有限度的改革。李鸿章作为汉族士绅官僚的首领，年龄很大了，对这个年轻人提出的主张没有任何回复。

同年 11 月，孙中山失望之余，从上海坐船去了檀香山，联络美洲的会党组织兴中会，取“振兴中华”之意。他认为：“方今强邻环列，虎视鹰瞵，久垂涎于中华五金之富、物产之多。蚕食鲸吞，已效尤于踵接；瓜分豆剖，实堪虑于目前。呜呼危哉！有心人不禁大声疾呼，亟拯斯民于水火，切扶大厦之将倾，庶我子子孙孙，或免奴于他族。”[①] 兴中会以“驱除鞑虏，恢复中国，创立合众政府，倘有二心，神明鉴察”为誓词，致力于推翻封建帝制，开启了武装反抗清朝的斗争。

1895 年 3 月，孙中山得知清朝在甲午战争中战败，民情激愤，与陆皓东等人秘密商议，联络巡防营、水师、会党、绿林、散兵、游勇，以“除暴安良”为口号发动起义。陆皓东受孙中山委托设计革命军军旗，通宵达旦设计出了青天白日旗。起义计划很缜密，但计划不如变化快。因为运送枪械不慎，又有政府密探和兴中会叛徒的告密，两广总督谭钟麟调集千余兵丁回城防范，四处搜捕革命党人。

陆皓东为掩护同志撤退不幸被捕，大堂之上不卑不亢，慷慨表示，今天的起义虽然没有成功，但是自己的内心很欣慰，未来崛起的革命者是杀不完的。敌人严刑逼问，他始终没有透露一个同志的名字，成为革命党牺牲的第一个烈士。

孙中山非常伤心，以至于多年以后还感慨：“皓东沉勇，坚如果毅，皆命世之英才，惜皆以事败而牺牲……而二人死节之烈，浩气英风，实足为后死者之模范。每一念及，仰止无穷。二公虽死，其精灵之蒙绕吾怀者，无日或间也。”[②]

① 尚明轩主编：《孙中山全集》第 3 卷，人民出版社 2015 年版，第 4 页。

② 尚明轩主编：《孙中山全集》第 1 卷，人民出版社 2015 年版，第 80—81 页。

此时，倡导体制内改革的维新变法是思想主流。在很多人看来，倡导革命、推翻皇帝的行为大逆不道，是乱臣贼子之所为。孙中山在海外的募捐也不成功，有时还遭到别人的白眼。等到八国联军侵华，清政府与11国列强签订了《辛丑条约》，很多人才认清清政府已经沦为帝国主义统治中国的工具，丧失了执政的合法性。

随着留日学生数量猛增，东京成了革命策源地。数千革命者在东京接受革命的洗礼，回国先后建立了华兴会、科学补习所、光复会、岳王会等革命小团体。革命的风潮一浪高过一浪，建立全国性革命政党的时机已经成熟。1905年8月，孙中山与黄兴、宋教仁等人在东京成立了中国同盟会，以“驱除鞑虏，恢复中华，创立民国，平均地权”为革命纲领。孙中山被推选为总理，黄兴被推选为执行部庶务，主持会内日常工作。

11月，同盟会创办机关刊物《民报》，孙中山在《〈民报〉发刊词》中将同盟会纲领归纳为民族、民权、民生三大主义，简称“三民主义”。其中，“驱除鞑虏，恢复中华”是民族主义，以暴力手段推翻清朝的统治，建立汉族为主体的国家；“建立民国”是民主主义，推翻专制政体，建立民主共和国；“平均地权”是民生主义，实行土地国有化政策，通过赎买的方式解决农民最关心的土地问题。三民主义反映了革命党的政治和经济要求，字里行间充满了战斗性，是最完整的一套资产阶级纲领，奠定了孙中山革命领袖的地位。

同盟会成立后，以孙中山为首的资产阶级革命派朝气蓬勃，积极开展革命活动。一方面紧抓笔杆子，在《民报》和其他刊物发表战斗檄文，大造革命舆论，批判康梁为代表的改良思想；另一方面紧抓枪杆子，派人回国联络会党和新军，发展革命组织，发动武装起义。

萍浏醴起义是同盟会发动的第一场大规模的起义，打出了“中华国民军南军革命先锋队”的旗号。从1907年5月至1908年4月，同盟会在华南沿海沿边发动了潮州黄冈起义、惠州七女湖起义、防城起义、镇南关起义、钦廉上思起义、河口起义，均遭败绩。镇南关起义中，孙中山亲临阵地为伤员包扎伤口，并且亲手发炮。他感慨地说：“反对清政府二十余年，此日始得亲发炮击清军耳！”

1910年11月，孙中山与黄兴、赵声、胡汉民等人在马来西亚槟榔屿召开秘密会议，决定再发动一次广州起义。这次以广州新军为主干，以革命党500人为敢死队，首先占领广州。然后黄兴率领第一军出湖南，赵声率领第二军出江西，谭人凤、焦达峰等人在长江流域响应，会师南京后发动北伐，直捣幽燕之地。

因为枪械转运不济，准备不够充分，革命党被迫于1911年4月27日提前发动起义。黄兴率领120余人猛攻两广总督衙门，自己冲锋在前，手指骨被打断，战至最后一人才躲入一个小店，乔装逃出广州。这场起义中，同盟会精锐尽出，牺牲多名骨干。有义士冒死收敛烈士遗骸72具，葬于广州郊外的红花岗，改红花岗为黄花岗，史称“黄花岗七十二烈士”。

在《黄花岗七十二烈士事略》的序言中，孙中山对这次起义给予高度评价："然是役也，碧血横飞，浩气四塞，草木为之含悲，风云因而变色，全国久蛰之人心，乃大兴奋。怨愤所积，如怒涛排壑，不可遏抑，不半载而武昌之大革命以成！则斯役之价值，直可惊天地，泣鬼神，与武昌革命之役并寿。"[①]

1911 年 10 月 10 日，武昌起义爆发，随后武汉三镇光复，湖北军政府建立。革命浪潮席卷全国，湖南、陕西、江西、山西、云南、贵州、安徽、江苏、浙江、广西、广东、福建、四川等省及上海宣告独立，清政府土崩瓦解。1912 年 1 月 1 日，孙中山在南京宣誓就任临时大总统，宣告中华民国成立，中国历史上第一个资产阶级政权正式建立。

南北和谈后，清朝退回高墙之内，两千多年的封建帝制彻底终结。孙中山退位让贤，让出临时大总统的职位，致力于兴办实业和建造铁路。很多人将孙中山让出大总统位置视为其惧怕北洋军，是无奈之举。这当然是事实，诚然有之，但又不尽然。

孙中山"起共和而终帝制"，真诚地信仰民主共和，他也坚信武装起义是不得已而为之，只要坚持共和，推翻清朝后谁做大总统都可以。等袁世凯大总统任期结束后，自己可以通过合法的选举再荣登高位，坚持民有、民治、民享的共和原则。但是，事情并非如孙中山所期望的那样。

① 尚明轩主编:《孙中山全集》第 2 卷，人民出版社 2015 年版，第 296 页。

二、打倒列强除军阀

清朝被推翻后，中国告别了2000多年的封建帝制，民主共和深入人心。从此，敢有帝制自为者，全民共讨之，全国共击之，公开称帝必然留下千古骂名。可是偏偏有一个跳梁小丑，逆历史潮流而动，不满足于把黄袍当衬衣穿，一定要拿出来当外衣穿。这个人就是袁世凯。

袁世凯是晚清遗留的最后一个军政强人，亲手编练了实力强大的北洋军，手底下聚拢了一批精英。他个人很有才干，也很有谋略，擅长传统的统治术。凭借人们对共和的向往和过硬的军事实力，他视共和国为儿戏，先是刺杀了准备北上组阁的国民党领袖宋教仁，又强迫议员选举自己为正式大总统。当了终身大总统，甚至可以指认接班人，获得了与封建皇帝无别的权力还不满意，又搞出“洪宪帝制”这场闹剧，做了88天的室内皇帝后一命呜呼。

孙中山无法坐视共和国被玩弄，先后发动了二次革命、护国运动，终结了袁世凯的反动统治。没想到袁世凯一死，中国连形式上的统一都没有了，国家陷入大乱。各地“土皇帝”闻风而起，军阀混战不休，党争政争不断，人民陷入水深火热的境况。

张勋率领辫子军进了北京，把紫禁城的宣统小皇帝拉出来，北京城又飘扬起黄龙旗。段祺瑞马厂誓师，打得张勋落花流水，不变的是中国依然延续着军阀割据。每一个军阀后面都有一个为其撑腰的列强，对中国的大小事务指手画脚。孙中山感言："夫去一满洲之专制，转生出无数强盗之专制。其为毒之烈，较前尤甚，于是而民愈不聊生矣。"①

1919 年 5 月 4 日，五四运动在北京爆发，随后燃烧到全国，工人阶级作为一股独立的政治力量登上历史舞台。1921 年 7 月，中国共产党成立，作为一个新生的政党开启了中国革命新道路。次年 7 月，中国共产党第二次全国代表大会在上海召开，对中国的社会性质进行了较为实际的分析，制定了党的最高纲领和最低纲领，第一次明确提出反帝反封建的民主革命纲领。第一次工人运动结束后，中国共产党认识到需要扩大自己的同盟，不能单枪匹马与军阀、列强对抗。

此时的孙中山正处于革命的低迷阶段，忽然间看到了苏维埃俄国和中国共产党，感受到了新的结盟力量和革命方向。他决定改组国民党，以中国共产党的新鲜血液拯救国民党的衰朽之躯。1924 年 1 月，中国国民党第一次全国代表大会在广州召开，孙中山以总理身份主持大会。中国共产党创始人之一的李大钊与他并肩进入会场，拉开了国民党改组、国共合作、国民大革命的序幕。

---

① 尚明轩主编:《孙中山全集》第 1 卷，人民出版社 2015 年版，第 14 页。

国民党一大确立了联俄、联共、扶助农工三大政策，对“三民主义”重新作了阐释，突出了打倒列强和军阀。鉴于革命军人和革命党人缺乏理想，党意与民意脱节，孙中山决定打造一支忠于党、忠于人民的学生军，进而培养一支党军。

1924年6月16日，国民党陆军军官学校在广州成立，因为地处黄埔长洲岛，又被称为黄埔军校。孙中山在开学典礼上慷慨陈词，阐明办校的初衷：“我们今天要开这个学校，是有什么希望呢？就是要从今天起，把革命事业重新来创造，要用这个学校内学生做根本，成立革命军。诸位学生，就是将来革命军的骨干，有了这种好骨干成了革命军，我们的革命事业，便可以成功；如果没有好革命军，中国的革命，永远还是要失败。所以今天在这地开这个军官学校，独一无二的希望，就是创造革命军，来挽救中国的危亡！”①

黄埔军校大门赫然挂着一副对联：“升官发财，行往他处；贪生怕死，勿入斯门”，横批为“革命者来”，体现了一种无私忘我、舍己成人的全新革命精神。国民党元老于右任书写了一副对联挂在校内：登高望远海，立马定中原，逐鹿中原、一统中华的气魄显露无遗。校长蒋介石、政治部主任周恩来等多次在校内发表演讲，阐释革命军队的责任和革命理想的实现。

国共合作加快了中国革命的进程，以黄埔学生为主体的革

① 尚明轩主编：《孙中山全集》第7卷，人民出版社2015年版，第623页。

命军初露锋芒，让世人刮目相看。他们消灭杨希闵、刘震寰两部组成的滇桂联军和广州商团武装，又通过两次东征消灭了蜗居粤东的陈炯明，一次南征消灭了盘踞粤南的军阀邓本禹。蒋介石担任东征总指挥时，一次被困重围，幸亏被担任侍卫的共产党员陈赓背起来，率领一个营杀出重围。这些都让孙中山感到欣慰，感受到了革命军队的朝气。

漫长而艰辛的革命历程已经让孙中山的身体不堪重负，革命出现了曙光，他却得了癌症。1924 年底，冯玉祥和张作霖电邀孙中山北上共商国是。为了争取国内和平的一线机会，他不顾身体的病痛，毅然决然地踏上北上的征程。临行前，他发表宣言，重申打倒军阀及其赖以存在的帝国主义、废除一切不平等条约的必要性。他说："国民之命运，在于国民之自决。本党若能得国民之援助，则中国之独立、自由、统一诸目的，必能依于奋斗而完全达到。"[①]

抵达上海后，孙中山在寓所召开记者会，发表对时局的看法："我们中国以前十三年，徒有民国之名，毫无民国之实，实在是一个假民国。""中国现在祸乱的根本，就是在军阀和那援助军阀的帝国主义者。我们这次来解决中国问题，在国民会议席上，第一点就要打破军阀，第二点就要打破援助军阀的帝国主义者。打破了这两个东西，中国才可以和平统一，才可以长治久安。"[②]

① 尚明轩主编:《孙中山全集》第 3 卷，人民出版社 2015 年版，第 199 页。

② 尚明轩主编:《孙中山全集》第 7 卷，人民出版社 2015 年版，第 675、681 页。

来到北京后，孙中山受到2万多群众的热烈欢迎。他通过书面谈话发表入京宣言，指明自己来京的目的："文此次来京，曾有宣言，非争地位权利，乃为救国。"[①] 北方政局波谲云诡，孙中山竭尽全力为和平奔走，还是被北洋军阀拖延了。

1925年3月12日9时30分，孙中山因原发胆管腺癌转移到肝部，病逝于北京协和医院，享年59岁。弥留之际，他留下的最后话语是："和平……奋斗……救中国！"当然，孙中山临终前17天，知道自己将不久于人世，预定了《国事遗嘱》《家事遗嘱》和《致苏联遗书》3份文件。其中以第一份最著名，后人精简出"革命尚未成功，同志仍须努力"这个名句，激励着一代代仁人志士奔向革命。

随着孙中山的去世，中国的和平统一失去了希望。南方的国民政府制定了北伐方略：先定三湘，规复武汉，进而与我友军会师，以期统一中国，复兴民族。具体分三路进军，西路攻两湖，中路取江西，东路征福建，其中西路为主攻方向。北方的冯玉祥、阎锡山也积极出兵，攻击北洋军阀，与友军会师。

为了鼓舞士气，担任政治部宣传科长的共产党员邝墉利用法国民谣《两只老虎》的曲调，重新填写了一首《国民革命军军歌》，歌词如下："打倒列强，打倒列强，除军阀！除军阀！努力国民革命，努力国民革命，齐奋斗，齐奋斗。工农学兵，工农学兵，大联合！大联合！打倒帝国主义，打倒帝国主义，齐

① 尚明轩主编：《孙中山全集》第3卷，人民出版社2015年版，第205页。

奋斗，齐奋斗。打倒列强，打倒列强，除军阀！除军阀！国民革命成功，国民革命成功，齐欢唱，齐欢唱。”

伴随着这首歌曲传唱大江南北、黄河两岸、长城内外，国民革命军一路北上，先后打败了吴佩孚和孙传芳。上海工人先后发动 3 次起义，湖南农民运动此起彼伏，有力地支援了北伐军。国民政府收回了汉口、九江的英租界，展示了革命外交的力量。军阀和列强为之胆寒，再次在中国寻找“代理人”。

三、星星之火

20 世纪 20 年代以前，马克思列宁主义崇尚城市中心论，无产阶级革命没有在农村取得成功的先例。无论是巴黎公社，还是十月革命，都是无产阶级占领大城市，建立了革命政权。中国共产党在初期革命历程中，也崇尚城市中心论。

第一次工人运动的高潮发生在城市和矿区，与国民党的合作也是主攻大城市。虽然有农民运动，但不是党的工作重心。大革命失败后，毛泽东转进农村，打破了革命必须依托大城市的思维惯性，开创性地走出了一条农村包围城市、武装夺取政权的道路。

1927 年，蒋介石和汪精卫先后发动反革命政变，向中国共产党举起了屠刀。据不完全统计，从 1927 年 7 月到 1928 年上半年，国民党反动派屠杀革命志士 31 万人，其中包括 2.6 万名共产党员。历史再次走到十字路口，中国革命的道路向何处去，值得每一个共产党员深思。

1927 年 8 月 1 日，中国共产党组织部队在南昌发动起义，打响了武装反抗国民党反动派的第一枪。8 月 7 日，中共中央在汉口召开紧急会议，总结革命的经验教训，确定了土地革命和武装反抗国民党的总方针，决定集中力量在湘赣边界发动秋收起义。

这次会议上，毛泽东提出了“枪杆子里出政权”的重要见解：“对军事方面，从前我们骂中山专做军事运动，我们则恰恰相反，不做军事运动专做民众运动。……湖南这次失败，可说完全由于书生主观的错误，以后要非常注意军事。须知政权是由枪杆子中取得的。”①

9 月初，以毛泽东为书记的前敌委员会成立，发动了秋收起义。起义部队统一称为工农革命军第一军第一师，下设三个团，不再沿用国民革命军的番号。攻取长沙途中，起义部队损失惨重，只好向文家市集结。前敌委员会召开会议，毛泽东阐述了放弃攻打长沙、转向农村的想法，引起了激烈讨论。最终，多数与会人员同意毛泽东的主张，向敌人统治薄弱的井冈山转移。

部队经过江西永新县三湾村时，毛泽东对这支部队进行了脱胎换骨的改造。一个师的剩余武装被整编为一个团，党支部

① 《毛泽东文集》第 1 卷，人民出版社 1993 年版，第 47 页。

建在连队，建立党代表制度，确立党指挥枪的原则。三湾改编从政治上、组织上和思想上保证了党对军队的绝对领导，是创建新型人民军队的成功尝试。

井冈山地处罗霄山脉中段，山高林密，地势险峻，历来就是“山大王”藏身的地方。此时占据井冈山的是王佐、袁文才二人，一个在山上、一个在山下，互为犄角之势。两个人义结金兰，国民大革命时期受过革命的洗礼，袁文才还加入了共产党，下山攻占了宁冈县城。大革命失败后，两个人对革命前途产生迷茫，重新回到井冈山做了“山大王”，也脱离了党组织。

毛泽东来到井冈山，否决了部分干部杀掉二人的意见，提出主动拜拜山，团结他们共同干革命。会见袁文才时，毛泽东晓之以理、动之以情，说得袁文才频频点头，临走还送了100条枪。会见王佐时，他同样展示了一个革命家的风范，真心获得了王佐的认同。王佐逢人便说，毛委员是最有学问的人，跟他谈一次话，真是胜读十年书。二人筹集大量的粮食、布匹、大洋送给红军，表态接受改编。

1928年初，袁王二人的部队被正式编为中国工农革命军第一师第二团，袁文才任团长，王佐任副团长，何长工任党代表。红军在井冈山建立了后方基地和五大哨口，时常出击攻打附近的反动势力，开展打土豪、分田地的运动。随着实力的壮大，毛泽东两次进攻茶陵及其周边县城，建立了中国共产党第一个县级革命政权。

同年4月，朱德和陈毅率领的湖南起义剩余部队来到井冈山与毛泽东会师，扩大了革命军队的规模。两股红军合并为中国工农红军第四军，朱德任军长，毛泽东任党代表。这一年，朱德 42 岁，毛泽东 34 岁，从此朱毛二人紧密联系在一起，共同开创了红色根据地。

毛泽东在具体军事行动中，将自己和朱德的军事斗争经验作了总结，概括出“敌进我退，敌驻我扰，敌疲我打，敌退我追”的游击战十六字诀，被称为适应当时情况的游击战争基本原则。敌强我弱是实情，只有趋利避害、灵活机动、避实击虚，才可以保存自己、发展自己、壮大自己。在这种战术原则下，红军打退了两次国民党对井冈山革命根据地的“围剿”。

一次是在 5 月中旬，国民党赣军第二十七师杨如轩率领两个团占领永新城，向宁冈方向移动。朱德、王尔琢率领红四军主力，在草市坳全歼赣军第七十九团，收复永新城。杨如轩带伤逃回吉安，红军缴获迫击炮 7 门、山炮 2 门、大洋 20 余担。

一次是在 6 月下旬，赣军以第九师杨池生部为主力，杨如轩为前敌总指挥，率领五个团再次占领永新城。湘军吴尚部出动三个团向茶陵逼近，配合赣军的进攻。红四军以小部拖住湘军，集中优势兵力打击赣军。朱德、陈毅、王尔琢率领红四军主力全歼赣军一个团、击溃两个团，缴获千余枪支，第三次占领永新城。根据地军民奔走相告：“不费红军三分力，打败江西两只羊（杨）”。

1928 年 12 月，彭德怀、滕代远率领红五军主力到达井冈山，与朱毛红军会师，增强了革命实力。根据地面积迅速扩大，原来被分割的革命区域连成一片，井冈山的红旗插遍整个湘赣边界。1929 年 1 月，毛泽东、朱德率领红四军主力挺进闽西和赣南，留下彭德怀在井冈山坚持斗争。

星星之火，可以燎原，井冈山革命根据地开辟了中国革命新道路。从 1927 年底到 1928 年初，中国共产党先后在海陆丰、琼崖、鄂豫边、赣西南、赣东北、湘南、湘鄂西、闽西、陕西等地区领导了近百次武装起义。那些转移到农村的部队获得了生存的空间，还在执迷于攻打大城市的部队基本被国民党消灭。

红军在闽西和赣南分别发展，先后打败了敌人的三次“围剿”。1930 年 6 月，红四军、红六军、红十二军合编为红一军团，朱德任总指挥，毛泽东任政治委员，后来红二十军、红二十二军等也编入红一军团。8 月，彭德怀、滕代远领导的红三军团与红一军团在湖南浏阳县永和会师，合编为红一方面军，朱德任总司令，毛泽东任总政治委员兼总前委书记，彭德怀任副总司令。

随着革命形势突飞猛进，闽西和赣南连成一片，形成拥有 21 座县城、250 万人口、5 万平方公里土地的中央革命根据地，即中央苏区。鄂豫皖、湘鄂西、湘赣、湘鄂赣等根据地也取得了反“围剿”的胜利，证明了农村包围城市、武装夺取政权道路的正确性。红军正规军发展到 30 万人，大大小小的根据地共有十几块。

在此期间，毛泽东撰写了《中国的红色政权为什么能够存在？》《井冈山的斗争》《星星之火，可以燎原》《反对本本主义》

等多篇文章，科学地阐释了农村包围城市、武装夺取政权的正确性和必要性。1931 年 11 月，中华苏维埃第一次全国代表大会在江西瑞金召开，宣告中华苏维埃共和国临时中央政府成立。毛泽东被选为主席，从此“毛主席”的称呼响彻中华大地，像一轮红日在东方升起，照耀中国革命的新道路。

只是因为党内“左”倾冒进太严重，做事太过教条，剥夺了毛泽东对中央红军的指挥权，没过几年，革命的大好形势消失殆尽。几支红军主力被迫实施战略转移，一路上损失惨重，广大红军指战员和党的各级干部重新审视毛泽东战略思想的正确性。

1935 年 1 月，遵义会议上重新确立了毛泽东路线在党内的指导地位，毛泽东被增选为中央政治局常委。红军到了陕北，国内外的局势出现了转变。中日之间的民族矛盾逐渐超越了国共之间的阶级矛盾，抗日战争开始了。

第三章
改天换地

“为有牺牲多壮志，敢教日月换新天。”从抗日战争到解放战争，再到新中国的建设，中国共产党领导中国人民创造了无数个奇迹。中华大地不再有“三座大山”的压迫，也不再有战乱的侵扰，中国人民坚定地行进在民族解放和人民富强之路上。

一、一寸山河一寸血

抗日战争作为中国人民在近代史上抗击外敌入侵的第一次完全胜利，洗刷了百年耻辱，成为中国由衰败走向复兴的转折点。无论是局部抗战，还是全面抗战，一寸山河一寸血，无数抗日健儿奔赴前线，血洒疆场。

1931 年，日本发动九一八事变，攻占东北军驻扎沈阳的北大营，渐次向整个东三省进攻。蒋介石、张学良采取不抵抗政策，将大部分东北军撤到关内，成建制的枪炮和装备留给了日本侵略者。时任黑龙江省政府代理主席兼军事总指挥的马占山认为不抵抗完全错误，毅然率部抗日。他向部下宣布，倘有侵犯我疆土，及扰乱我治安者，不惜以全力除之，以属我保卫地方之责。

日本派人招降，马占山坚决拒绝，表示“吾奉命为一省主席，守土有责，不能为降将军”。11 月 4 日，1300 多名日军在 7 架飞机的掩护下，向江桥发动进攻。马占山奋起反攻，打响了反抗日本侵略者的第一枪。终因敌众我寡，宣告失败。短短 4 个月，日本侵略者占领了东三省全境，3000 万名父老乡亲沦为悲惨的亡国奴。

1932 年 4 月 15 日，中华苏维埃共和国临时中央政府发布对日作战的训令。中国共产党派遣大批党员进入东北，联络各地的东北军、警察部队、游击队、农民暴动武装和散兵游勇所组成的东北抗日义勇军，经改编后，组成东北抗日联军，规模一度达到3万人，一直坚持到1941年12月被迫撤退苏联。白山黑水之间留下了东北抗联的足迹，传颂着杨靖宇、赵尚志、赵一曼等抗日烈士的英名。

杨靖宇进入东北后，联络各地武装，先后担任东北抗联总指挥、总司令兼政委等职。在极其艰难的条件下，他率领部队转战南满和东满大地，打得敌人心惊胆寒。日军和伪军联合展开"围剿"，杨靖宇避开敌人锋芒，诱敌深入多次设伏，取得一个又一个胜利。

因为缺乏后援支持，东北抗联的人数越来越少。杨靖宇只好将部队化整为零，分散打游击，自己率领警卫部队转战蒙江一带，最后只身与敌人周旋5昼夜。面对敌人的诱降，他毫不动摇，渴了就抓一把雪吃，饿了就砍下树皮嚼着吃，坚持与敌人顽强斗争，最终光荣牺牲。残忍的敌人割掉他的头颅，剖开他的腹部，发现里面只有枯草、树皮、棉絮，没有一粒粮食。

1937年7月7日，日本发动卢沟桥事变，宋哲元率领的第二十九军被迫还击。日本全面侵华开始，中国人民的全面抗战也正式开始。同年7月17日，蒋介石在庐山发表《对卢沟桥事件之严正声明》，即著名的"最后关头"演说，明确阐述了国民政府的态度："我们希望和平，而不求苟安；准备应战，而决不求战。我们知道全国应战以后之局势，就只有牺牲到底，无丝毫侥幸求免之理。如果战端一开，那就是地无分南北，年无分老幼，无论何人，皆有守土抗战之责任，皆应抱定牺牲一切之决心。”①

初期会战中，国民政府先后组织了淞沪、忻口、徐州、武汉 4 场大型会战。淞沪会战中，蒋介石一改过去让杂牌军当炮灰的惯例，把自己训练多年的德械师派到最前线，与日军硬碰硬地对攻。属于蒋介石嫡系的中央军和黄埔系师生，牺牲比例尤其高。上海像一个绞肉机，成建制的中国陆军在战场阵亡，空军和海军损失更大。即便如此，中国军队还是在上海坚持了 3 个月，粉碎了日本“三个月灭亡中国”的狂言。

徐州会战中，李宗仁率领中国军队在台儿庄浴血奋战 20 多个昼夜，歼灭日军 1 万多人，取得了抗战以来最大的一场胜利，提升了中国人民的必胜信心。日军占领南京后，疯狂展开屠杀，30 多万中国军民死于日军屠刀之下。回想甲午战争，日军就在旅顺实施过屠城，现在又在南京犯下罄竹难书的罪行。

在这场气势恢宏的抗战中，中国多数党派和军队积极参战。中国共产党坚决抗日的态度不用提，就是国民党内部也基本放下了派系成见。无论是中央军、西北军、东北军，还是滇军、桂系、湘军，抑或西北地区的马姓回民武装，都出人出钱出力，积极抵御日本侵略。中国战场上，甚至出现了集团军总司令冲锋陷阵、殒命疆场的英勇事例。

卢沟桥事变爆发后，张自忠率部抗击日军，给弟弟的信中

---

① 陈爱玉主编:《百年苦语：激励中国人的百年文字》，济南出版社 1998 年版，第 453 页。

表达了马革裹尸的决心。比如他在一封信中写道："吾一日不死，必尽吾一日杀敌之责；敌一日不去，吾必以忠贞至死而已。"1940年5月，日军发动枣宜会战。驻守襄河西岸的是第三十三集团军张自忠部，部队都派出去了，只有两个团归他直接调遣。

张自忠不顾部下的再三劝阻，坚持由副总司令留守，自己率领2000多人渡河作战。他在临行前昭告各部队和各将领："国家到了如此地步，除我等为其死，毫无其他办法。更相信，只要我等能本此决心，我们国家及我五千年历史之民族，决不至亡于区区三岛倭奴之手。为国家民族死之决心，海不清，石不烂，决不半点改变。"

敌人以优势兵力展开夹攻，张自忠毫不退缩，左臂中弹后仍然指挥部队冲杀10余次。最后，身边将校士兵战至不过10人，他毅然端起冲锋枪向敌人冲锋，在陈家集壮烈牺牲，时年49岁。第三十八师师长黄维刚得知长官遇难，当即率领数百便衣队夜袭陈家集，抢回了张自忠的遗体。经检视，张自忠身有八处伤口，其中炮弹伤两处，刺刀伤一处，枪弹伤五处。他的夫人李敏慧女士得知噩耗后悲痛欲绝，绝食7日后也为国捐躯。

抗日战争中，国民党共在正面战场组织或参与大战役22次，重要战斗3117次，小战斗38931次，毙伤日军85.9万余人，付出322多万人的重大伤亡。国民党的空军损失殆尽，大量飞行员血洒长空，海军舰艇全部打光，成师、成旅、成团、成营的国民党军队殒命疆场。

抗日战争期间，国民党负责的是正面战场，共产党负责的是敌后战场，两个战场共同组成了中国抗战的滚滚洪流。根据国共达成的协议，工农红军划入国民革命军序列，名义上接受国民政府最高国防委员会的领导。其中，陕北的红军主力被改编为八路军，下辖三个师；南方的游击队改编为新四军，下辖四个支队。

抗战爆发后，八路军和新四军密切配合正面战场，取得了平型关大捷、雁门关战斗、奇袭阳明堡等胜利，打破了日军不可战胜的神话。太原陷落后，八路军按照中共中央部署，发动独立自主的游击战，先后开辟了晋察冀、晋西北、山东、大青山等十几块抗日根据地。新四军挺进长江南北，先后在江苏、安徽等地开辟抗日根据地。

1940年底，八路军总部调集100多个团共20万人，对华北日军展开主动出击，破坏敌人的交通线、运输线和碉堡，史称“百团大战”。这场大战沉重打击了日伪军，极大地振奋了人民的抗战决心。在抗战后期的华北和其他部分战场，中国共产党领导的人民武装成为抗日战争的中流砥柱。

毛泽东为了鼓舞军民抗战的决心，撰写了《论持久战》等多篇文章，系统论述抗战胜利总方针。随着中日之间战力的此消彼长，抗日战争可以分为战略防御、战略相持、战略反攻三个阶段，最终的胜利必然属于中国。毛泽东认为兵民是取得胜利的根本，只有充分发动群众和武装群众，采取独立自主的游击战，才能有力地打击日本侵略者。

有了科学的指导，中国人民抗日战争过程中的凝聚力和向心力得到了增强，涌现无数可歌可泣的民族英雄，八路军“狼牙山五壮士”和新四军的“刘老庄连”就是代表。八路军副总参谋长左权为了掩护北方局和八路军总部突围转移，不幸壮烈牺牲，年仅 37 岁，成为人民军队牺牲的高阶领导人。

新四军第四师师长彭雪枫亲上前线指挥战斗，不幸中流弹牺牲。为他撰写的挽词为：“二十年艰难事业，即将彻底完成，忍看功绩辉煌，英名永在，一世忠贞，是共产党人好榜样；千万里山河破碎，正待从头收拾，孰料血花飞溅，为国牺牲，满腔悲愤，为中华民族悼英雄。”

在国民党方面，虽然有爱国将士奋战沙场，但是在其内部也产生了分裂，出现了中国近代史上最大的“汉奸集团”，这就是以汪精卫为首的汪伪政权。据不完全统计，大约有数百万伪军为日军服务，走上了反人民的道路。中国历来讲究春秋大义，只有那些坚持抗战、奋勇向前的人才得到尊重，才能成为中华民族的脊梁。无论在什么时候，汉奸最终都会被钉在了历史的耻辱柱上。

中国人民的抗日战争彻底打败了日本侵略者，洗刷了百年耻辱，而且增强了中华民族的凝聚力、向心力和生命力，为彻底的民族独立和国家独立奠定了重要基础。正如习近平总书记在抗日战争暨世界反法西斯战争胜利 70 周年所讲的那样：“中国人民抗日战争胜利，是近代以来中国抗击外敌入侵的第一次完全胜利。……这一伟大胜利，开辟了中华民族伟大复兴的光明前景，开启了古老中国凤凰涅槃、浴火重生的新征程。”①

二、解放全中国

抗日战争胜利后，漫长的战争已经让中华大地饱受摧残，绝大多数人终于舒了一口气，和平建国成为时代主流。人民希望国民党能够放弃一党独裁，实行民主。一旦这种愿望得不到满足，就会把所有的怒火喷向政府和国民党。

但是，蒋介石不相信民主，也不顺应主流民意，继续在政治上实施专制独裁，在思想上实施愚民政策，在经济上实行官僚资本垄断。国民政府没有跳出王朝兴衰的周期律，其兴也勃焉，其亡也忽焉。没过三年，“打倒蒋介石，解放全中国”就成为时代的最强音，讨厌国民党成为当时最大的民意。

最初，国民党也假意主张和国内的主要政治力量进行谈判，企图不战而屈人之兵。中国共产党顺应主流民意，积极派人来到重庆展开谈判。1945 年底，国共双方经过谈判，于 10 月 10 日“双十国庆”签订了《政府与中共代表会谈纪要》，就和平建国的基本方针、政治民主化、国民大会、党派合作、军队国家

① 中共中央文献研究室编:《十八大以来重要文献选编》中卷，中央文献出版社 2016 年版，第 665 页。

化、解放区地方政府等12个问题阐明了各自的见解。其后，政治协商会议在重庆召开，陆续签订了一些协议。

蒋介石崇尚枪杆子，他假意谈判，实际上积极备战。等到一切都准备好了，悍然于1946年6月进攻中原解放区，挑起了全面内战。此时的中国共产党已经不是抗战初期的弱小政党，人民军队也不是只有抗战初期的3万多人。国民党面对的是拥有百万军队、受到主流民意欢迎的强大政党。

中原解放军很快突围，打破了国民党的“围剿”。蒋介石的全面进攻完全不奏效，几乎在各个战场都无法占据上风。全面进攻失败后，蒋介石又采取重点进攻，主攻方向放在陕北和山东。没有想到，陈毅、粟裕于千军万马中取上将首级如探囊取物，集中华东解放军主力于孟良崮地区，全歼国民党五大主力之一的整编七十四师，击毙师长张灵甫、副师长蔡仁杰等多名高级将领。

在陕北，毛泽东早就率领中央机关和直属部队撤出了延安，蒋介石只得到一个空城，自己还坐飞机到延安考察一番。胡宗南部被西北解放军牵着鼻子在陕北游荡，根本找不到解放军主力。青化砭、羊马河、蟠龙几场战役下来，胡宗南部被消灭将近4万人，只得放弃延安、撤离洛川，对陕北的重点进攻宣告失败。

进攻陕北和山东过程中，国民党将主力分散在两翼，暴露了中间地带。这样的兵力部署像一个哑铃，两头粗中间弱。趁此良机，毛泽东抽调兵力将主力达到外线，进攻国民党的薄弱地带，于是有了“三军配合，两翼牵制”的战略部署。

1947 年 6 月底，刘伯承、邓小平指挥晋冀鲁豫解放军主力为中路，千里跃进大别山；陈毅、粟裕率领华东野战军主力为东路，挺近苏鲁豫皖交界区域；陈赓、谢富治率领晋冀鲁豫解放军一部为西路，挺近豫西。三路大军同时南进成“品”字形，像一把尖刀插入敌人的腹心。蒋介石一看慌了神，赶紧从各战场抽调 90 个旅的兵力围追堵截，在战略上一下子就陷入被动。

1947 年 10 月 10 日，中国人民总部发布宣告，提出“打倒蒋介石、解放全中国”的口号。毛泽东在陕北米脂县杨家沟召开中央会议，制定全国胜利的行动纲领。按照新制定的《中国土地法大纲》，封建土地所有制被废除，农民获得了土地，参军支边的热情高涨，源源不断地为解放战争输送人力、物力和财力。各个解放区都取得了战场的主动，消灭了上百万国民党军。

1948 年秋，人民解放军发展到 280 万人，还有大量的地方部队，占据着大量农村和部分中小城市；国民党经过多次补充兵力，还是下降到 365 万人，用于一线作战的只有 175 万人，龟缩在东北、华北、华东、西北的大中城市和交通线。国共军事决战的态势已经非常明显。

战场波谲云诡，战机转瞬即逝，解放战争的胜利必然属于人民。在毛泽东和中共中央的领导下，中国人民解放军先后发动了辽沈、淮海、平津三大战役。在东北，林彪、罗荣桓率军将敌人包围在长春、沈阳等大城市，主攻锦州和北宁线，形成关门打狗的态势。国共双方在黑山、大黑山、长春、沈阳展开厮杀，除锦西和葫芦岛14万国民党军逃走，全歼东北的国民党军队47万人。

淮海战役的发展阶段，经历了一个从小到大的递进过程，最终发展到以徐州为中心，东起江苏海州、西至河南商丘、北至山东临城、南至安徽淮河的广大区域。人民解放军以连续作战的方式围攻国民党重兵集团，歼灭邱清泉兵团、黄百韬兵团、黄维兵团、李弥兵团、孙元良兵团共55万人，基本消灭国民党军江北主力。

与淮海战役同时，东北解放军秘密进入关内，与华北解放军共同发动了平津战役，完成对北平、天津、张家口之敌的战略分割。华北“剿总”司令傅作义如惊弓之鸟，在南撤与否的抉择中丧失良机，坐等灭亡。中共中央与北平地下党积极与之展开和谈，最终促使其接受和平改变，解放了华北全境，保住了古都北京免遭战火。

三大战役共歼灭国民党主力154万人，摧毁了国民党赖以发动内战的军事资本，尤其是蒋介石损失了中央军和黄埔系大部。国民党还有200万军队，多是地方杂牌军和新编练的部队，战斗力不强，士气低落。

国民党的内部派系之争再起，李宗仁依靠桂系几十万军队作后盾，迫使蒋介石下野，自己当了代总统，采取军事顽抗和政治和谈两手策略。毛泽东和中共中央早已看穿了这些拙劣的小伎俩，提出惩办战争罪犯、废除伪宪法和伪法统、改编一切反动军队。国民党拒绝最后一线和平。毛泽东、朱德发布向全国进军的命令，人民解放军突破国民党经营3个月之久的长江防线。

4月23日，人民解放军攻入南京，占领“总统府”，宣告国民党在中国大陆22年的反动统治结束。毛泽东作了一首《七律·人民解放军占领南京》:“钟山风雨起苍黄，百万雄师过大江。虎踞龙盘今胜昔，天翻地覆慨而慷。宜将剩勇追穷寇，不可沽名学霸王。天若有情天亦老，人间正道是沧桑。”蒋介石急急如丧家之犬，先到重庆再到广州，最后转进台湾，终老在海岛，至死也没有返回大陆。

国民党的覆亡除了军事上的失败，还与政治上的腐败堕落、经济上的通货膨胀有关。举个例子，抗战胜利后，沦陷区人民终于不再遭受日本侵略者的蹂躏，欢欣雀跃地等待“王师”。没有想到国民党派来的接收大员，根本不以人民利益为重，疯狂聚敛金子、房子、票子、车子和女子，失去了民心，时人笑称“五子登科”。

以抗战前夕的物价为标准，法币100元可买的物品，1937年为两头牛，1938年为一头牛，1941年为一口猪，1943年为一只鸡，1945年为一条鱼，1946年为一个鸡蛋，1947年则为三分之一盒火柴，物价整整上涨6万倍。任何通货膨胀都是对政府和人民的双向掠夺，只有少数投机商人得利。当时的报纸惊呼，中国不亡于日本，如今却要亡于经济总崩溃!

国民党体制性的问题已经无可救药，数不清的贪污腐化、裙带关系、派系斗争、特务统治，早已让人民心生厌倦。学生罢课、工人罢工、商人罢市此起彼伏，形成了第二条战线。蒋介石不愿意按照法律办事，也不愿意向主流民意低头，频频出动军警、特务、流氓维持统治，最终遭到了人民的唾弃。

三、“进京赶考”

1949 年，中国大地饱受封建主义和帝国主义的蹂躏，经济接近崩溃，百姓流离失所，社会状况严峻。

西方一些政客断言：“中国共产党人解决不了中国人民的吃饭问题和经济问题。”败退到台湾的蒋介石坦言：“我把 4 万万人吃饭问题的包袱，甩给了毛泽东。”国内一批民族资产阶级幸灾乐祸地表示：“共产党军事是十分，政治是八分，经济是零分。”

同年 3 月 23 日，毛泽东、周恩来等中共中央领导人乘车从西柏坡前往北平。在路上，毛泽东感慨地说：“今天是进京的日子，进京赶考去。”周恩来笑着回答：“我们应当都能考试及格，不要退回来。”毛泽东说：“退回来就失败了。我们决不当李自成，我们都希望考个好成绩！”①

中国历史上，经历了太多的政权更迭，“城头变幻大王旗”，

① 中共中央党史和文献研究院编：《毛泽东年谱》第 5 卷，中央文献出版社 2023 年版，第 470 页。

政治人物像走马灯一样变来变去。多少人跌落下来，最终上了断头台；多少人爬上去，享受醒掌天下权的快感。李自成是个优秀的农民起义领袖，却不是个合格的统治者，称帝不过数日，就败逃出了北京城。

中国共产党接收的是国民党留下的烂摊子，面临着各方面的挑战。毛泽东曾说："现在我们能造什么？能造桌子椅子，能造茶壶茶碗，能种粮食，还能磨成面粉，还能造纸，但是，一辆汽车、一架飞机、一辆坦克、一辆拖拉机都不能造。"②

当时，政治上，大批特务潜藏在人民中间，城市居民和知识分子对中国共产党存有疑虑，觉得马上得天下未必能马上治天下；军事上，还有上百万国民党军队在西南、西北、华南和部分沿海岛屿负隅顽抗；经济上，工业基本停滞，农业大幅度萎缩，通货膨胀严重，民生凋敝，人民生活极端困苦；民族关系上，内蒙古、新疆、西藏还有少数民族上层破坏祖国统一，妄图独立；外交上，帝国主义对中国展开封锁，妄图扼杀新生的中华人民共和国。

毛泽东和中共中央统一部署，指挥军队一直打到广西、云南、新疆、西藏等省区的国境线。人民军队和公安干警在新解放区展开"围剿"，抓捕潜藏在人民内部的特务。至1951年底，中国人民解放军基本解放了除香港、澳门和台湾以外的全国领土，社会逐步安定下来。经历了30多年的分裂割据，中国大陆

② 《毛泽东著作选读》下册，人民出版社1986年版，第712页。

再一次实现了国家统一、民族团结和领土完整。

挺进农村过程中，中国共产党在新解放区开展土地革命，将地主土地所有制改为农民土地所有制；接收城市过程中，中国共产党接收了2400多家官僚资本银行和2800多家官僚资本企业归国家所有，建立了社会主义公有制。无论是农村还是城市，各种经济成分都能在国营经济领导下分工合作。

朝鲜战争爆发后，中国人民志愿军入朝作战，接连取得胜利，最后迫使以美国为首的"联合国军"坐在谈判桌前。一切反动派都是纸老虎，美军也不是不可战胜的。

毛泽东说："我们跟它打了三十三个月，把它的底摸熟了。美帝国主义并不可怕，就是那么一回事。"[①] 西方侵略者几百年来在东方一个海岸上架起几尊大炮，就可霸占一个国家的时代一去不复返了！

1951年11月，中共中央在党政机关开展了一场反贪污、反浪费、反官僚主义的"三反"运动。刘青山、张子善在革命战争阶段挺过敌人的严刑拷打，却没有抵御住和平年代糖衣炮弹的进攻，最终被判处死刑。这个案件成为新中国反腐败第一大案，震慑了很多党员，使他们时刻保持"两个务必"，即务必保持谦虚、谨慎、不骄、不躁的作风，务必保持艰苦奋斗的作风。

其后，中共中央决定在私营工商业开展一场反行贿、反偷税漏税、反盗骗国家财产、反偷工减料、反盗窃国家经济情报

① 《毛泽东军事文集》第6卷，军事科学出版社、中央文献出版社1993年版，第355页。

的“五反”运动。加之一直在进行的反对黄、赌、毒运动，清除了社会黑暗面，廓清了社会风气，培养了勤俭节约、朴素大方、人人自尊自重、爱护国家财产的社会氛围。

在社会状况安定和国民经济好转的前提下，中共中央开始考虑从新民主主义向社会主义过渡。1953 年 6 月，中央政治局正式提出过渡时期总路线，打算在一个相当长的时期内，逐步实现国家的社会主义工业化，并逐步实现国家对农业、手工业和资本主义工商业的社会主义改造。

过渡时期总路线也被称为“一化三改”，其中“一化”是主体，通过编列五年计划完成；“三改”是两翼，通过政治运动完成。“一五”计划的主要任务是集中力量进行工业建设尤其是重工业建设，完成以苏联帮助中国设计的 156 个建设单位为中心、由 694 个大中型项目组成的工业建设。这些项目包括钢铁、国防军工、制药工程、电力设备制造、有色金属冶炼加工、煤炭开采和冶炼等，填补了旧中国的工业空白。

1956 年 7 月，长春第一汽车制造厂生产出新中国第一辆国产汽车。老司机马国范将汽车开出制造厂大门，人民欢欣鼓舞。有一首《老司机》唱出了汽车工人的心声：“五十岁的老司机，我笑脸儿扬啊，拉起了那个手风琴，咱们唠唠家常啊，想当年我十八就学会开汽车呀，摆弄那外国车呀，我是个老内行呀，可就是呀没见过呀，中国车呀，啥模样啊，盼星星盼月亮啊，盼的这国产汽车真就出了厂，哟呵嘿……”

伴随着“一化三改”的进行，社会主义根本制度逐渐确立。

1954 年 9 月，中华人民共和国第一届全国人民代表大会第一次会议在北京召开，讨论并通过了《中华人民共和国宪法》，选举毛泽东为中华人民共和国主席，刘少奇为全国人大常委会委员长，决定周恩来为国务院总理。

1954 年 12 月，中国人民政治协商会议第二届全国委员会第一次会议在北京举行，会议推举毛泽东为全国政协名誉主席，选举周恩来为政协第二届全国委员会主席，明确了中国共产党领导的多党合作和政治协商制度作为社会主义基本政治制度依然发挥着不可替代的作用。

在此之前,《中华人民共和国民族区域自治实施纲要》公布施行，确立了我国特有的民族区域自治制度。伴随着社会主义制度的建立，中国共产党带领中国人民迈向了历史新征程，书写历史新篇章。

1956 年 9 月，党的八大在北京召开，提出了新中国建设过程中的主要矛盾是人民对于建立先进的工业国的要求同落后的农业国的现实之间的矛盾；人民对于经济文化迅速发展的需要同当前经济文化不能满足人民需要的状况之间的矛盾的论断。周恩来作了发展国民经济第二个五年计划的报告，对经济建设的全局作了规划。

中国建立了独立的工业体系和国民经济，为后来的改革开放奠定了基础。各行各业涌现出英雄模范人物，雷锋、焦裕禄、王进喜、王国藩、陈永贵等人是代表，反映了当时的社会风气和道德风貌。中国国际地位稳步提升，与美国关系的改善更是体现了毛泽东的大国外交战略。改革开放后，邓小平多次指出："我们能在今天的国际环境中着手进行四个现代化建设，不能不铭记毛泽东同志的功绩。"[①]

纵观新中国成立几十年来，是中国共产党不忘初心、牢记使命的几十年，是中国共产党不断调整自己、勇于再创辉煌的几十年，也是中国共产党领导人民进行社会主义改造和建设的几十年，取得了举世瞩目的成绩。

① 《邓小平文选》第2卷，人民出版社1994年版，第172页。

第四章
白手起家

能否解决中国的贫困问题，能否实现中国人民吃饱穿暖的千年追求，是摆在中国共产党面前的一道难题。当社会和经济秩序逐渐稳定，中国共产党考虑如何让农民真正摆脱贫困、实现温饱，于是开始了社会主义农业的改造。“穷棒子社”的故事应运而生，虎头山下大寨村实现了根本改变，北大荒成为产粮富民的北大仓。

一、“穷棒子社”翻身记

“穷棒子社”的故事，是改天换地的故事；“穷棒子社”的历史，也是改天换地的历史！

距离河北省唐山市遵化县城东四十里，有个叫四十里铺的地方。一条小河将这个地方分成两半，东半边被称为“东铺”，西半边被称为“西铺”。相对于东铺，西铺山多地少，石厚土薄，生存环境恶劣。“穷棒子社”的故事就发生在这里，全国首届农业劳动模范王国藩也生活在这里。

王国藩1919年12月出生于西铺，断断续续地读了几年私塾，在当时的农村算半个文化人。因为父亲早亡，母亲患有慢性疾病，他很早便顶门过日子，成为家里的顶梁柱，犁地、插秧、打场、割草、喂猪等农活样样在行。

既遭受地主的压迫，又有日本的侵略，王国藩始终在饥寒交迫中艰难度日，从而坚定了革命的信念。1941年，王国藩加入中国共产党，成为一名光荣的共产党员，先后参加抗日战争和土地改革，在农民中颇有威望。

解放前，西铺的贫苦农民吃不饱穿不暖，过着“糠菜半年粮，祖居破草房，全家一条被，三载着一装”的苦日子。有些人被活活饿死，有些人靠讨饭维生，他们做梦都期盼着过上吃饱穿暖的日子。解放后，贫苦农民分到了土地，终于翻身做了主人。党和国家拨给他们五万斤救济粮和一百多套寒衣，让他们看到了生活的希望。

因为长期贫困积累和水旱灾害频发，贫困农民面临着生产生活上的各种困难。据王国藩回忆：“我们全村只有23头驴、6头牛，土改后极少添置。贫下中农顶多有几分之一的‘驴股’‘牛股’，多数户‘耕者无其畜’，每8户还均不上一套农具。耕畜、大农具集中在少数富裕户手里，他们非等人家本主使完才可能借用。同时，缺种、少肥、没劳力。”部分农民种不上地、收不成地，被迫典当了地和房屋，走上了逃荒和要饭的老路，农村的两极分化再次出现。

1951年初，遵化县委派人来到西铺，传达了《关于农业生产互助合作的决议（草案）》，介绍了周边地区兴办农业合作社的成功经验，鼓励农民从互助组开始办起，再过渡到合作社。王国藩积极响应，与几户农民结成了互助组。全村很快成立了11个互助组，都是富裕户和富裕户结合在一起，贫困户和贫困户结合在一起，违背了实现共同富裕的目的。

1952年秋天，王国藩在上级党委支持下准备成立初级合作社，积极说服贫下中农参加。不久，有23户报名入社，绝大多数是在旧社会讨饭、扛活、当佣工的贫苦农民。10月26日，西铺的第一个农业生产合作社正式成立，王国藩担任主任，杜奎担任副主任。

全社包括83口人，其中男劳动力19人、女劳动力9人，其余是老弱妇孺。全社没有大型农具，只有 230 亩贫瘠山地和集股凑成的 1 头驴。社里仅有“三条驴腿”的所有权，1/4 多一点的所有权归社外单干户。社里只能连续用 3 天，社外单干户用 1 天，每个月还要给社外单干户补 1 天。

很多富裕户看不起只有“三条驴腿”的合作社，给他们起名叫“穷棒子社”，非常鄙视地说：“看他们 23 户，除去要饭的罐子就是打狗的棒子，还有什么？这样的穷棒子社早晚要穷散了。”

针对这种冷嘲热讽，王国藩号召社员们说：“有人讥笑我们是‘穷棒子’，我们就是‘穷棒子’，咱人穷志不穷，难不倒，穷不散！眼下困难多，需要想办法一个个解决，咱只要发挥集体力量，把社办好，就自然听不到这种怪话了。”

社员们鼓足干劲，下定决心干出一番成绩。他们打破了“猫冬”的习惯，变农闲为农忙，分成两路苦干实干。一路由少部分壮劳动力和妇女老幼组成，为春耕做准备，“三条驴腿”不够，就人拉、肩扛，肩不离担，手不离肩，每天辛勤地搂地、整地、捡粪、送粪。

另一路壮劳动力在王国藩、杜奎带领下，组成一个 19 人的小分队，不顾隆冬之际大雪封山、天寒地冻，走到 30 里外的王寺峪山上打柴。吃的是稀粥白薯，穿的是破衣烂袄，住的是漏风草棚，十几个人坚持不下山，合盖四条破被子。寒冷的天气浇灭不了贫苦农民的冲天豪情，有的人割破了衣服，有的人划破了手脚，有的人摔伤了身体，但没有人临阵脱逃，也没有人畏缩不前。

经过20多天的艰苦奋斗，终于打回4万多斤干柴，卖了430元钱。王国藩用这些钱添置了生产资料，买回了1辆铁轮车、2头骡子、1头牛、19只羊和一些小型农具。合作社置办了家底，社员们的干劲更足了。始终“猫冬”的富裕户看见了，也很羡慕，改变了对“穷棒子社”的看法。

1953年春耕前后，王国藩带领社员第二次进山打柴，用辛辛苦苦打回的干柴换回210元钱。这次买了草料和车套，又添置了1头骡子、11只羊和磨豆腐的工具。没有羊圈，社员们就凑齐钉子和木棍，从河滩捡回石头垒出羊圈。

清明节前后，遵化县下了一场春雨。大家刚熬过冬天，连饭都吃不饱，光顾着打柴，哪有钱再买种子。有社员建议向政府借种子，王国藩坚决不同意，而是发动社员从亲戚朋友家借种子。有的人借来一捧玉米，有的人借来两瓢高粱，双目失明、在旧社会要过饭的老贫农王生，远行几百里讨回来一点种子。当然，当地信用社也提供了50元的信贷，给予一点支持。

在春耕、夏忙、秋收过程中，王国藩始终冲锋在前，专挑重活累活干。社员们你追我赶，紧紧跟在后面。“穷棒子社”靠“三条驴腿”起家，依靠自己的力量实现了自力更生。这年秋天，粮食亩产达到254斤，总产量45800多斤，超过以往任何一年。扣除集体留粮后，每人分得190多元。

老贫农王生看着没地方存储、冒尖的粮食堆，激动得热泪盈眶，感慨说：“这是走毛主席、共产党指引的路才得到的，这条路我是走定了！”“穷棒子社”的巨变，让人们看到了新的希望，合作社像一块磁铁一样吸引着更多的社外农民参加。部分社员出于狭隘的观念，不愿意接受更多的农民入社，对帮助单干户种地也表达了不满。

王国藩为了贯彻过渡时期总路线，给大家做思想工作：“毛主席号召我们办社，就是让全体农民都走共同富裕的道路。如果自己的日子过好了，就不顾社外的农民，那怎么能团结广大农民一起奔社会主义呢？”

经过两次扩社，合作社由23户增加到148户，土地由230多亩增加到1900多亩。除个别富裕户，绝大多数农民入了社，实现了全村农业生产合作化。“穷棒子社”已经拥有4头骡马、37头牛、3辆胶轮车、6架喷雾器，公共积累17000多元，向国家缴纳了大量的粮食、棉花和花生。

1955年，王国藩领导的“穷棒子社”由“遵化县第十区西四十里铺第一生产合作社”改名为“建明农林牧生产合作社”。同年12月，毛泽东看到了关于“穷棒子社”的调查报告，深有感触地说：“我看这就是我们整个国家的形象。难道六万万穷棒子不能在几十年内，由于自己的努力，变成一个社会主义的又富又强的国家吗？”[①]

1956年1月，西铺与东铺、大于沟、白马峪四个村响应国家号召成立高级社，完成社会主义改造，农民也向私有制告别。

① 中共中央党史和文献研究院编：《毛泽东年谱》第5卷，中央文献出版社2023年版，第481页。

同年底，王国藩接到了出席全国农业劳模大会的邀请，成为农业合作化时期的风云人物。

1957 年 2 月，王国藩与遵化县长李化一出席全国农业劳动模范代表大会，被授予金质奖章。闭幕式上，毛泽东将一面鲜艳的奖旗送给他，称赞他是劳模，是建设共和国的功臣。终其一生，王国藩先后 10 次得到毛泽东的接见，握手 8 次。有一张与毛泽东的合影，王国藩作为珍贵的物品始终摆在家里最醒目的位置。

“穷棒子社”为什么能够引起毛泽东的重视，和当时的国情有关。新中国成立初期，中国共产党从国民党手里接收的是一个烂摊子，一穷二白，民生凋敝，百废待兴，处处充满困难，处处需要奋斗。危难之际，存亡之秋，只有奋力向前，才能走过一道道沟坎，战胜一个个困难。

“穷棒子社”的精神，是自力更生、艰苦奋斗的精神，是不甘落后、团结奋进的精神，也是苦干实干、奋勇向前的精神。正如习近平总书记指出的那样：“我们的国家、我们的民族，从积贫积弱一步一步走到今天的发展繁荣，靠的就是一代又一代人的顽强拼搏，靠的就是中华民族自强不息的奋斗精神。”①

① 《习近平谈治国理政》，外文出版社 2014 年版，第 52 页。

二、虎头山下大寨村

大寨位于山西省昔阳县中部、距离县城东南6公里的虎头山下。这里是太行山腹地，自然环境恶劣，山高坡陡沟深，土层非常薄，全年无霜期只有170天，经常遭遇水旱灾害。全村只有几十户人家，劳动力很少，仅有的700多亩耕地被分成4700多块，零星散落在“七沟八梁一面坡”上。

在旧社会，大寨人生活很苦，怎么劳动也摆脱不掉那个“穷命”。新中国成立后，大寨人在陈永贵、郭凤莲的带领下不懈奋斗，不但摆脱了贫困，而且较早建成了小康社会，实现了千百年来农民的小康梦。

陈永贵是新中国农业战线的一面旗帜，就像工业战线的王进喜一样。他出生于1914年，6岁时被父亲带到大寨，从此与大寨的命运紧密联系在一起。他在旧社会遭过罪，总是吃不饱穿不暖，解放后翻身做了主人，对共产党怀有深厚的感情。

1952年，陈永贵担任大寨党支部书记。面对恶劣的生存环境，他和支部成员制定了一个十年造地计划，决心苦干实干十年，把七沟八梁修整成层层梯田。社员们摩拳擦掌，跃跃欲试，决定以革命的大无畏精神向自然界宣战。陈永贵战前发下誓言：“山再大，沟再深，治了一山少一山，治了一沟少一沟。三年不行五年，五年不行十年。”

冬天，陈永贵选择了白驼沟作为试点，开启了闸沟造地的宏伟蓝图。白驼沟有一里半长，三丈多宽，寒风从沟口吹来，冻得人直打哆嗦。社员们不顾严寒，带着扁担、箩筐、锄头、铁镐，天不亮就来到沟里，抬石头、垒堤坝，挑土垫地，直到天黑才下山。原本一个月的工程，只用了18天就完成了，共垒筑石坝25条，新造田地5亩。

荒沟变成了粮田，长出了绿油油的庄稼，陈永贵和社员们的信心更加坚定。不到两年的时间，又治理了5条沟，只剩下最难治理的最后一条沟——狼窝掌。狼窝掌又叫黑老山沟，与其他沟不一样。这条沟3里多长、4丈多宽，从上到下相差100多米。

每逢雨季，四处的水汇集于此形成山洪，轰鸣声传出老远，连几个人都抬不动的大石头都被冲得四处翻滚。当地流传着一首民谣:“狼窝掌里三大害，山洪、饿狼、石头块，天旱不长草，下雨就招灾。”

治理狼窝掌，刚开始群众意见并不统一。很多人认为没有必要把全部精力花费在一条破沟上，况且已经治理了六条沟，耕地也增多了。陈永贵和几个支部委员反复给群众做思想工作，终于统一了认识。其后，大寨历史上最震撼人心的“三战狼窝掌”开始了。

山区的白天很短，陈永贵率领群众天刚亮就来到沟里。天寒地冻，冻土层足足有一尺厚，只好抓紧时间捡回一堆堆树枝和杂草，在地上燃起火。冻土层经过大火一烤，立马松软了。整整干了一个冬天，直到农历除夕才收工，初三又继续奋战，直到春耕才结束。38道石坝里填进几万方黄土，昔日荒山沟变成了簸箕形梯田。

春耕播上种，很快长出了禾苗，满沟都是绿油油的庄稼，群众在田间地头高兴地劳作。没想到夏天到了，一场暴雨过后山洪暴发。奔流的山洪冲垮了石坝，一块块梯田和茂盛的庄稼被冲得无影无踪，狼窝掌又变回一条烂石沟。陈永贵看到眼里，痛在心里，粗犷的脸上流下两行热泪。

1956年秋后，陈永贵再次动员58名劳动力走进狼窝掌。鉴于上次的教训，这次将坝基扎得又深又牢，采来更大更重的石头重新垒坝。同时，在渠首建起一个2亩大、3丈深的小水库，用来拦蓄山洪，减少冲击力。紧靠狼窝掌左边的一面大坡上全部刨上鱼鳞坑，用来储存雨水，降低水流下降的速度。又是一冬一春的苦干，终于在春耕前忙完了所有的工程。

本以为这次可以安心了，没想到1957年秋后再次爆发了特大山洪。电闪雷鸣中，山洪如奔腾的野马狂啸而来，震得大地直打战。从远处传来的几声巨响打破了大寨的宁静，狼窝掌又一次被冲毁，浊浪滔天，裹挟着石块、黄土和庄稼滚滚而下。

这一次的失败的确打击了很多人，一些原本就对闸沟开山不满的人说：千日打柴一火烧，一冬辛苦一水漂。也有群众感慨地说：跟着你们白白吃了两冬苦，挨了两冬冻，往后守在家里闲一冬，不挣工分也不去闸这条沟了。甚至有群众散布封建迷信，说：人不和水斗，猫不和狗斗，人有多么大本事，还能斗过龙王爷!

在这个困难时刻，陈永贵没有退缩，他一个人默默来到狼窝掌，望着这条烂石沟沉思半日，再一次下定决心三战狼窝掌。经过群众动员，又经过科学研究，陈永贵决定把 38 道大坝修成拱形，石头缝全部用灰浆灌注。

按照既定的分工，群众再次来到狼窝掌，有的挖地基，有的搬石头，有的担灰浆，有的挑黄土。热火朝天的工地上人来人往，燃起了改天换地的豪情壮志。大雪不停地下，北风呼呼地刮，干活的手被风一吹变得又硬又脆。抡起锤子打石头，震得胳膊直疼，手指甲都流下鲜血。汗水与血水在石头上和成泥、冻成冰，染红了大坝。即使这样，也没有人退缩，都坚持在工地劳动。

有位 70 多岁的老汉也不示弱，与年轻小伙子一起担土捡石子。很多人劝他回去休息，他乐呵呵地说：“俺爱修地，可是在旧社会一辈子也没修成一块地。今天咱治理狼窝掌，打坝造地，为儿孙后代造福，天冷心里热啊！”就这样，大寨人在陈永贵的率领下，终于在冰天雪地里完成了任务。狼窝掌这条最凶暴的山沟向英勇的大寨人低下了头。这个工程经受住了几十次洪水的考验，直到现在也没被冲垮。

从首战白驼沟到三战狼窝掌，寒来暑往 5 个年头，大寨人在 7 条山沟里垒起 180 多条大坝，修了 2 条盘山渠、2 个小水库、

3000多个鱼鳞坑和蓄水池。300亩坡地变成了水平梯田，4700多块地连成了2900块，新增80多亩好地。农田改造直接带动了粮食产量不断提升，大寨平均亩产从1953年的130斤上升到1962年的774斤。大寨人均收入突破百元大关，劳动力日值达到1元，成为昔阳县首屈一指的富裕大队。

人世间很多事情都不是一帆风顺的，也不是一劳永逸的。孟子曾说："天将降大任于斯人也，必先苦其心志，劳其筋骨，饿其体肤，空乏其身，行拂乱其所为也，所以动心忍性，增益其所不能。"成功的人总在困难的挑战中前行，正所谓艰难困苦，玉汝于成。

1963年夏天，大寨遭遇了百年不遇的特大洪水。梯田基本被冲毁，窑洞也被冲掉大半，人们脸上满是忧愁和烦恼。看到群众的面色，又看看稳如泰山的狼窝掌，陈永贵鼓励大家："地毁了重修，房塌了重盖。留得青山在，不怕没柴烧。""有我们一把镢头两只手，一根扁担两箩头，自力更生，艰苦奋斗，就一定能战胜穷山恶水，就一定能战胜自然灾害。"

他与干部群众商量后，提出"三不要，三不少"的抗灾口号，即不要救济粮、不要救济款、不要救济物资；社员口粮不少、劳动日分值不少、上交国家的粮食不少。尽管上级送下来的救济物资已经运到村口，还是被陈永贵退了回去。

大寨人抢修梯田，重建房屋，抢种粮食，最终在大灾之年实现了大丰收，基本粮食产量与上年持平。这些苦干实干、自力更生、艰苦创业的优良作风为全国农业生产树立了榜样，大寨随之成为全国农业学习的样板。中共中央先后下发文件，号召全国所有社队向大寨学习，“农业学大寨”成为一种社会风潮。陈永贵的政治地位也逐步提高，最终荣任中央政治局委员、国务院副总理。

改革开放后，大寨经历了一段沉寂的时光。直到郭凤莲再次担任大寨村党支部书记，搞起养殖业、运输业和旅游业，才焕发新的生机和活力。郭凤莲带头成立了大寨经济开发总公司，引进项目和人才，创办一系列现代企业。随着集体实力的增强，农民实现了“三有三不”，即小有教、老有靠、考有奖和吃水不用吊、运输不用挑、看病不用跑。

20 世纪 90 年代末，大寨继续发展第一产业、第二产业的同时，又重点发展第三产业。作为新中国前三十年农业建设的一面旗帜，大寨是一两代人的集体记忆。人们怀着淳朴而浓烈的感情，总是想来大寨参观，看一看曾经的大寨现在是什么样子。

郭凤莲利用村办企业，投资建立了周恩来纪念亭、郭沫若墓碑、展览馆、农民文化艺术馆、陈永贵墓地等，植树造林上万亩，种植花卉几千亩，重点发展旅游业。

现在的大寨是国家 4A 级景区，发展为一个优美的田园村庄。条条梯田披满绿装，湾湾池水波光粼粼，处处果园结满果实，层层林带郁郁葱葱。

现在，以“大寨”命名的品牌有 40 多个，涵盖核桃露、水泥、杂粮、纪念品等多个行业。以前全国“农业学大寨”时，来到大寨是为了学习农业发展模式，体会“敢教日月换新天”的精神；现在再来到大寨，是为了学习中国新农村建设，感受全面建成小康社会的成就。

三、北大荒变成北大仓

中国的地图像一只雄鸡，在鸡冠的位置有一个地方，过去叫“北大荒”，现在叫“北大仓”。这里是纵横千里的大片荒原，位于黑龙江省的黑龙江、松花江和乌苏里江汇流处，包括三江平原、大兴安岭和小兴安岭以南的松嫩平原以及从完达山到兴凯湖的牡丹江平原。

这里自古以来就是蛮荒之地，沼泽遍布，荆棘横生，人烟稀少，数不尽的野兽出没其间。老作家聂绀弩写了一首《北大荒歌》：“北大荒，天苍苍，地茫茫，一片衰草枯苇塘。苇草青，苇草黄，生者死，死者烂，肥土壤，为下代作食粮。……天低昂，雪飞扬，风癫狂，无昼夜，迷八方。雉不能飞，狍不能走，熊不出洞，野无虎狼。酣战玉龙披甲苦，图南鹏鸟振翼忙。天地末日情何异，冰河时代味再尝。一年四季冬最长。”

从另外一个角度讲，这里土壤肥沃，有“捏把黑土冒油花，插双筷子也发芽”的夸张说法；同时物产丰富，有“棒打狍子瓢舀鱼，野鸡飞到饭锅里”的谚语流传。因为地处边陲，没有被大规模地开发，只有零星的村落散在各处。

抗日战争胜利后，中国共产党率领人民军队挺进东北，正式开发这片荒原。宁安农场属于在北大荒建立的第一批农场，原名“松江省营第一农场”，是松江省政府主席冯仲云派李在人率领十几名干部和工人在尚志县开垦的。农场没有固定的经费和物资支持，只能捡拾日伪军留下的废弃拖拉机和农具。干部和工人不懂勘测规划，开垦一年之后就荒废了。

第二年3月，他们来到延寿县中和镇附近重新开垦荒原。此时的北大荒寒风刺骨，积雪没有消融。手脚划破了，衣服扯烂了，汗水顺着脸颊往下流，住的是低矮的马架子，睡的是木板搭成的破窗，吃的是硬硬的窝窝头，这些困难阻挡不了人们的前进步伐。

经过一年的开垦，他们完成播种8000亩，秋天就获得了大丰收。只是这个地方低洼不平，不适合大规模的机械化耕作，又放弃了。辗转迁到宁安建场，又是从零开始奋战，最后算是扎下了根。同一时期建立的还有通北、赵光、花园、永安等农场，为后来开垦荒原提供了必要的经验。

1948年12月，东北全境解放，一大批负伤的退伍军人来到北大荒，在黑龙江省建立了伊拉哈荣军农场和松江省的伏尔基河荣军农场。同时，还建立了一批用于改造的农场，安置被解放的国民党军官在这里就业。这些农场为东北乃至内地的城市供应了大量的粮食，有力地推动了全国的解放和政权的稳定。

1954年，苏联政府为了庆祝中华人民共和国成立五周年，向中国赠送了成套的大型农业机械化设备。国务院决定在黑龙江省建立国营友谊农场，从各地调来了干部、大学生和农机工人，组成开荒大军，打造新中国历史上第一个真正意义上的机械化农场。

开荒大军来到荒原，利用苏联先进的农业机械加班加点地劳作，只用了一个月就开垦30.5万亩田地，当年播种取得了大丰收。经营过程中积累的定额管理、生产责任制、技师责任制、经济核算制等先进经验，后来在全国的国营农场中得到了推广。

此时，王震率领转业的铁道兵也来到北大荒，建立了一系列军垦农场，实现“寓兵于农、屯垦戍边”的构想。从1949年到1956年，黑龙江农垦事业发展很快，国营农场由15个发展到96个，开垦耕地由41万亩增加到457万亩，部分农场实现了机械化。

1958年开始，北大荒进入大发展时期，7万多名解放军官兵复员转业来到这里。王震将军赠给铁道兵的一副对联写道：完达山下英雄建国立家园，密虎宝饶千里沃野变良田。横批为艰苦创业。

英勇的复员军人和农垦战线的职工们实践了王震的艰苦创业精神，谱写了冉创辉煌的时代华章，其中最感人的莫过于开发雁窝岛。雁窝岛位于黑龙江宝清县西北部，面积大约200平方公里，四面被水和沼泽隔开。只有冬季冰封，才有猎人进岛狩猎。因为大雁、仙鹤、天鹅等飞禽在岛上筑巢栖息、繁衍成群，草窝里俯拾皆是大雁蛋和其他鸟蛋，所以被称为“雁窝岛”。

1957 年初，八五三农场派共产党员王志敏带领 12 人组成“进岛先遣队”。先遣队冒着严寒和狂风进入雁窝岛，查明这里土壤肥沃，荒原连片，适合大规模农业机械化生产，便向上级作了汇报。3 月，两台拖拉机载着 12 名先遣队员开进雁窝岛，运送粮食、种子和一批生活物资，搭起马架子，迎接后续队伍的到来。

4 月，6 台拖拉机再次开向雁窝岛。此时的沼泽已经解冻，两米多高的拖拉机全部陷进去，只剩下驾驶棚和排气管露在外面，情况非常危险。农场调来了绞盘机，费了半天劲也没绞出来，人们脸上都是焦急的神色。

农垦局送来大型卷扬机，把一台拖拉机拉了出来。斯大林 80 号拖拉机重达 14 吨，陷得最深，连排气管和牵引钩都淹没在冰水里。怎样将钢丝绳挂在拖拉机上，这是一个问题。时间一点点地过去，人们越来越焦急。

这时，转业军人任增学挺身而出，脱下棉衣，喝了半碗酒，一头扎进满是冰碴和泥块的水流。过了一会儿，他终于从泥水里钻了出来，深深吸了一口气，又一个猛劲扎下去。等到第二次探出头来，他已经满脸污泥，全身冻得发抖，嘴唇发紫。大家都劝他休息，有人主动要替他下去。他摇了摇头，喝了两大口送到嘴边的白酒，再次钻进泥水中。

第三次钻出水面时，任增学整个人已经面无血色，冻得牙齿直打哆嗦，只说了一句“挂上了，同志们可以拉车了”，就晕倒在旁边人的怀里。任增学舍小我成就大我的故事传遍整个北大荒，人们纷纷称他为英雄。他总是谦虚而淡然地说："我不做，肯定还有人做。"

开冻的沼泽和河川再次把雁窝岛隔离出去，什么东西也运不进去。蔬菜吃没了，人们就捡大雁蛋吃；粮食不多了，人们就伴着野菜下咽；农具用坏了，人们就简单地修一下再用。经过几个月的奋战，人们建起来几千平方米的简易住房，开荒两万多亩，种下第一茬作物。

1958年春，300多名复员军人来到北大荒，加入开发雁窝岛的队伍，成立了八五三农场第四分场。队伍扩大了，连接岛内岛外的道路还没有修起来，生产资料和生活资料严重匮乏。转业军人罗海荣主动请缨，推着两个装满油料的油桶顺着宝清河前行。没有想到水流湍急，他被沉甸甸的油桶压在了下面，献出了宝贵的生命。八五三农场党委召开了隆重的追悼大会，将烈士牺牲的地方直接命名为"罗海荣"。

经过人们的艰苦奋斗，人们终于修成了通往雁窝岛的公路，昔日孤悬一方的小岛变成了富饶美丽的粮仓。到1966年，北大荒的耕地面积增加到1370万亩，一大批农场像一颗颗珍珠一样撒在祖国的北部边疆。其后，几十万知青和退伍军人挥洒汗水、泪水，成就了一个个辉煌和奇迹。

改革开放后，国营友谊农场进行了体制改革，一部分划归地方，主体部分组建北大荒农垦集团总公司，归黑龙江省和农业农村部双重领导。像我们熟知的完达山乳业，就是北大荒农垦的一部分。昔日的北大荒真正变成了北大仓，到处都是金色的麦浪、新兴的城镇、宽广的街道和忙碌的人们。如今，北大荒已经成为农业的一张品牌，承载着中国人吃饱饭、吃好饭，自力更生、艰苦创业的价值观。北大荒农垦集团总公司已经成长为享有盛誉的大型国企，有着先进的生产技术、科学的管理制度和高效的运营模式。

第五章 奋勇向前

时代铸就辉煌，辉煌源于奋斗。中国人民从来不屈服于恶劣的自然环境，也不屈服于任何外来压力。林县人民在崇山峻岭中开凿了红旗渠，石油城市大庆在东北荒原崛起，钢铁城市攀枝花在四川盆地从无到有，显示着中国人民奋勇向前的志气。

一、“人造天河”红旗渠

巍巍太行山区，以前传颂着愚公移山的传说，现在传颂着林县人民修凿红旗渠的故事。

林县，如今已经改名为林州市，位于河南省最北部的太行山东麓，地处豫、晋、冀三省交界。这里重峦叠嶂，沟谷纵横，山区占总面积的86%。地势西高东低，西部是高耸入云的太行山，南部和北部主体是低山，东部主体是丘陵。山地和丘陵之间散布着大大小小的盆地，地势平坦，土层较厚，既是重要的农业区，也是人口的聚集区。

林县地区的河流自西向东流淌，多是时断时续的季节性河段。因为缺乏稳定的隔水层，缺水成为常态，遇到大水又会形成洪涝灾害，严重制约了该地的发展。据史料记载，从明代中期到新中国成立初期，林县发生自然灾害100多次，大旱绝收30多次。河水多年干枯，庄稼颗粒无收，人们被迫逃到外地。

因为缺水，林县劳苦大众的贫困程度超乎想象，在旧社会有“光岭秃山头，水缺贵如油。豪门逼租债，穷人日夜愁”的说法。据统计，解放前夕，全县40万人中有28万人常年翻山越岭挑水吃，有的村庄甚至往返20里以上。群众中流传着这样一首歌谣:“家住在山间，用水真作难。担水要翻山，吃水似油盐。”

新中国成立后，国家重视兴修水利，林县人民受到了鼓舞。一处处梯田被修整，一道道沟渠被挖掘，水土流失得到了治理。但是，缺水的状况没有从根本上改善，要想实现工农业的长远发展，必须从根本上解决缺水的问题，不然一切努力都会大打折扣。

1959 年，又是一年大旱，从春到秋没有下过一场透雨，山泉干枯了，河道干裂了，旱井没水了，部分水库也见了底。数十万百姓的生计受到了根本影响，河南省委和林县县委的同志实在坐不住了，纷纷想办法。

林县县委书记杨贵组织了水源勘察队，临行前千叮咛万嘱咐，一定要找到合适的水源。勘察队先到山西壶关县一带考察，没有找到水源，后来发现山西境内的两条漳河水可以引入林县，向县委作了可行性报告。

浊漳河水水质浑浊、流量很大、开凿难度较大；清漳河水水质干净、流量很小、开凿难度较小。为了子孙后代的长远发展，杨贵与山西省委、河南省委的负责同志决定将浊漳河水引入林县。

经过三个月的艰苦探索和科学规划，终于形成“引漳入林”的宏伟蓝图：从山西省平顺县侯壁开凿河口，将浊漳河水拦腰斩断，劈开太行山修建一条 70 公里长的总干渠，穿山越岭引到林县，分南、东、东北三个方向修建三个干渠，再通过各处的水库、蓄水池和支渠，覆盖林县70%的耕地和大多数人口。

正值三年自然灾害时期，林县本来就不富裕。部分同志的思想产生了动摇，泄气地说："眼下这么困难，还搞什么'引漳入林'，'引漳入林'是站在太行山上望运粮船——远水不解近渴。"也有社员叫嚷着："修这么大的工程，没有开山机、吊车不行，没有专家不行！"这也的确是实情，整天挨饿，人们面对这个浩大的工程建设总有些踌躇。

杨贵晓之以理、动之以情，从林县长远发展的角度出发，做通了干部群众的思想工作。全县上下拧成一股绳，下定了愚公移山的决心。为了鼓舞干劲，林县县委应广大群众的建议，将"引漳入林"工程命名为"红旗渠"，意思是高举社会主义红旗，斗志昂扬地完成这项创举。

1960年2月，红旗渠正式开工，杨贵率领县委干部亲自战斗在第一线。渠首枢纽工程就建在浊漳河河床的石英岩上，拦河溢流坝坝顶海拔468.9米，与浊漳河水水位相同。2月的天气，寒风呼啸吹来，浊漳河水流湍急，冰冷刺骨，但是任何困难都阻拦不了林县人民驯服河水的决心。

500名社员勇士奋勇当先，发出了战斗的誓言："天寒，我们心里热；水猛，我们意志坚。困难就怕英雄汉，誓逼漳河上高山。"他们一起下了水，手挽手、臂挽臂、肩并肩地筑成一道坚不可摧的人墙。

经过一个多月的艰苦奋战，一道长70米、高3.5米、底宽13米、顶宽1.95米的拦河溢流坝顺利合拢。奔腾的浊漳河水按照人们的意志，改道流入红旗渠总干渠。

总干渠有很大一段修筑在层峦叠嶂、山高坡陡、岩石坚硬的太行山山腰。修渠社员只好登上壁立千尺的山顶，腰上系一根大绳下到山腰，用荡秋千的方法找到渠线，再用大锤和钎子一点点劈山凿石。几乎每一位社员在磕磕碰碰中都留下了伤疤，有的社员不幸跌入山底，献出了宝贵的生命。

红旗渠工程还修建了很多隧道，其中青年洞的工程最为艰巨。要在坚硬的石英岩壁上凿穿狼牙山的山体，实在是困难重重。石英岩上一锤下去是一个白点，几根钢钎下去打不出一个炮眼。

300 名青年组成的突击队从两头分别开工，一锤一锤地打，一炮一炮地崩，一钎一钎地凿，经过一年零五个月的苦干实干，终于凿穿了隧道。为了纪念青年们的英雄事迹，林县县委将这段隧道命名为“青年洞”。

修筑整个红旗渠，林县 70 多万人有 20 万壮劳动力走上工地。没有住的地方，就在山崖下、石板上、石头缝里栖身；没有吃的东西，就靠野菜、野果和树叶伴着 6 两定额粮食充饥；没有建筑材料，就自己办工厂制造石灰和水泥。

在修建红旗渠的过程中，共有 189 人献出了宝贵生命，256 人重伤致残。历史将永远记住这些勇士，永远记住这些优秀的林县儿女。他们的生命定格在太行山上，换来了子子孙孙的幸福生活。每当杨贵提起这些勇士，都会泪流满面，泣不成声。

经过五六年的拼搏奋斗，林县人民终于修成了总干渠和三条分干渠，又经过四五年的奋斗，因地制宜做好了配套工程。10年寒来暑往，林县人民削平1250个山头，架设151座渡槽，凿通211个隧洞，修建各种建筑物12408座，完成了15000公里的渠道。如果这些土石垒筑成高2米、宽3米的墙，可以经北京连接起广州与哈尔滨。林县人民完成了人间奇迹，彻底改变了林县缺水的历史。

林县县委书记杨贵当时还是一位30岁出头的共产党员。他回忆说："去之前，我就知道林县缺水，百姓生活极其苦难，但初到林县，整个县里的状况还是让我很心酸。一次，我去一个老乡家，当时他们正在吃午饭，你知道吃的是什么吗？就是现在喂猪用的糠，混着一些红薯叶。吃完后，孩子还喊饿，可不能再给他吃了，就连糠也不能吃饱，否则可能这剩下的多少天内，全家都要挨饿了。"

自从26岁被任命为林县县委书记，杨贵这位参加过抗日、消灭过国民党反动派的青年党员，就下定决心，不管遇到多么大的困难，都要彻底改变林县贫穷落后的面貌。 个大公无私、尊重科学的地方领导将带动一个地区的发展，改变一个地区人民的命运。作为红旗渠的决策者、组织者、修建者，他为林县人民做出的贡献永远令人怀念！有人这么评价杨贵：古有都江堰，今有红旗渠；古有李冰，今有杨贵。

红旗渠像一条巨龙缠绕在太行山腰，条条渠道像龙爪一样伸向四方，被称为"人工天河"。星罗棋布的大小水库碧波荡漾，像银瓜一样镶嵌在峡谷和平川，装点着美丽河山分外妖娆。20世纪70年代，周恩来接见外宾时曾说，新中国有两大奇迹：一个是南京长江大桥；一个是林县红旗渠。

红旗渠灌区今日已经发展成集“引、蓄、提、灌、电、景”于一身的综合水利体系，还被评为5A级景区和全国重点文物保护单位。作为新中国前三十年兴修水利的代表性工程，红旗渠是党和人民镌刻在太行山岩石上的一座丰碑。

广大干部群众在修渠过程中形成的“自力更生、艰苦奋斗、团结协作、无私奉献”的红旗渠精神，是我国历史上一笔宝贵的精神财富。红旗渠精神，是我们党的性质和宗旨的集中体现，历久弥新，永远不会过时。

时空转换到了今天，林县人民也步入了全面小康的行列，为了实现中华民族伟大复兴的中国梦，依然坚持并发扬着红旗渠精神。

二、石油城市大庆

大庆位于黑龙江省西部、松辽盆地北部，因油而生，因油而兴，是中国北部边疆的一颗明珠。一座油田，诞生了一座现代化城市，铸造了一批英雄人物，成就了一种拼搏奋斗、豪迈进取的时代精神。这是新中国发展史上的创举，也是人类文明史上的奇迹。

这里原来是一片荒原，只有几处散落的村庄和市镇，分属杜尔伯特、安达、肇州、肇源几个县管辖。1959 年 9 月，因为在松辽盆地发现了工业性油流，为了向新中国十年大庆献礼，所以被命名为“大庆油田”。

1979 年，国务院批准建立大庆市，由黑龙江省直辖。现在属地级市建制，下辖 5 区 4 县、1 个国家级高新技术产业开发区、1 个国家级经济技术开发区，驻有大庆油田公司、大庆石化公司、大庆炼化公司、大庆中蓝石化公司 4 家中直石油石化企业。

大庆 60 多年的石油开采史，与新中国的工业发展和全面进步紧密相连；大庆 40 多年的油城变迁史，与改革开放的脉搏同频振动。作为中国北方的明星城市，大庆已经成为全国著名的宜居城市，呈现“组群组团布局、绿色空间相隔、快速通道相连、湖泽水系相通、森林草原相拥”的风格特色，走过了全面建成小康社会的历程。

回顾大庆的发展历程，不得不从旧中国的石油工业说起。旧中国的石油工业非常落后，年产油量只有 12 吨，大量原油需要进口。一旦帝国主义对中国实施石油封锁，将完全卡住民族工业的命脉。1949 年，帝国主义对新中国进行外交封锁和石油禁运，中国的工业发展举步维艰。部分外国专家认为中国没有大型油田的生成条件，断定中国是一个“贫油国”，严重挫伤了中国人的民族自尊心。

石油是工业的血液，石油的勘探、开采和冶炼决定了一个国家工业化的水平。无论是天上飞的飞机和导弹，还是地上跑的汽车和坦克，抑或海上航行的邮轮和军舰，都需要石油作为原料。没有石油，这些现代化机械装备就是一堆废铜烂铁。一个国家只有实现了石油自给自足，才能保证工业化；一个国家只有实现工业化，才能进而实现现代化。

毛泽东、朱德、周恩来等中国共产党第一代领导集体明白这个道理。毛泽东说:“要进行建设，石油是不可缺少的，天上飞的，地下跑的，没有石油都转不动啊！”朱德更是直白地表示:“石油重要啊！没有油，坦克、大炮还不如个打狗棍，打狗棍还可以打狗，坦克、大炮没有油就开不动啊！”① 周恩来特意在国务院下面成立了石油工业部和地质部，合作勘测石油。

1958 年开始，地质部和石油工业部在李四光地质理论指导下，将石油勘探的重点放在东北和华北的几个盆地。第二年 9 月 6 日，勘测队伍在东北的松辽盆地发现工业性油流。

1960 年 2 月，中共中央决定集中石油系统一切可以集中的力量，打一场大会战，一鼓作气拿下大庆油田，各部门和各地方政府务必全力配合。当时正值三年自然灾害时期，国家的内外局势都很艰难。即便如此，石油工业部还是集中了 30 多个石油厂矿和院校近 4 万职工，调集 7 万吨器材来到松辽盆地的荒原。

① 余秋里:《余秋里回忆录》，解放军出版社 1996 年版，第 508 页。

当时的困难难以想象，一无房屋，二无床铺，三无后勤基地，四无先进设备。人们劳动了一天吃的是稀粥冷饭，没有地方住就在牛棚马厩凑合一夜。有时甚至挤在一张塑料布下，坐着挨过一宿。指挥部发动干部、职工和家属齐上阵，挖土打夯，搬砖垒石，建成了 30 多万平方米的简易住房。蔬菜粮食供应不上，就边挖野菜、做菜团子，边养猪、开荒种地。

战天斗地，永不退缩，是大庆人的精神。来自五湖四海的建设者充满无穷的干劲，奋战在石油开采第一线，贡献着自己的汗水和泪水。这个过程中，大庆油田涌现出一系列的先进人物和劳动模范，王进喜、马德仁、段兴枝、薛国帮、朱洪昌为杰出代表，被誉为“五面红旗”。其中，王进喜成为旗帜中的旗帜，也成为大庆油田自力更生、艰苦创业的时代楷模。

王进喜出生于甘肃玉门，在旧社会受过苦、遭过罪、吃不饱饭，新中国成立后获得了解放。他在玉门油田提出“月上千，年上万，祁连山上立标杆”的口号，创造了月进尺 5009.3 米的全国钻井最高纪录。被评为省级劳动模范后，他参加国庆十周年观礼，看到了中国因为缺少石油而举步维艰的窘境，也得知了东北发现大油田的喜讯。

回到玉门后，王进喜主动请缨，带领自己的 1205 钻井队队员千里迢迢来到松辽大地。几十吨的钻井设备运到了萨尔图火车站，缺少大型设备运输，也没有现成的公路。

王进喜毅然决然地对队员们说：“有条件要上，没有条件创造条件也要上！”“只能上，不能等；只准干，不准拖！”他硬是带着队员用人拉肩扛、滚木加撬棍的方式，花费了三天三夜，把 38 米高、22 吨重的设备运到工地。

开钻没有水，王进喜就发动队员和周边的群众，用脸盆、水盆、面盆、水桶去附近的水泡子破冰取水，一盆盆、一桶桶地运过来 50 多吨水。“宁可少活 20 年，拼命也要拿下大油田！”这是他的庄严承诺，也是他的行动指南。

钻杆砸伤了脚趾，王进喜昏了过去，醒来后最关心的不是自己受没受伤，而是设备有没有事。当队员们把他送到医院，他又偷偷地跑出来，拄着拐棍继续指挥钻井。

有一次发生井喷，王进喜不顾个人的生命安危，直接扔掉拐棍，带领几个队员跳到泥浆，用身体搅拌水泥，保住了钻井设备和油井。房东赵大娘看到王进喜拼命地干活，受到了极大的震撼，动情地对工人们讲：“你们的王队长可真是个铁人哪！”就这样，“铁人”的称号传遍了整个大庆油田和松辽大地。当一眼眼油井喷出原油，中国彻底摘掉了“贫油国”的帽子，工业发展不再受限于能源。

截至 1963 年，大庆地区成功开发建设一座 146 平方公里、年产原油 600 多万吨的特大油田。12 月，周恩来在全国人大二届四次会议上庄严地向全世界宣告：“我国经济建设、国防建设和人民生活所需要的石油，不论在数量或者品种方面，基本上都可以自给了！”①

① 中共中央文献研究室编：《建国以来重要文献选编》第 19 册，中央文献出版社 1998 年版，第 470 页。

1964 年 1 月,《人民日报》以一版头条通讯刊出毛泽东题写的“工业学大庆”。从此,“工业学大庆”成为一个运动，激发了中国人民拼搏奋斗的决心，提升了工农业建设的水平。此后，大庆也迎来了长足发展，人们的生产生活条件得到迅速改善。时光荏苒，岁月如梭。无论条件如何改变，不变的是艰苦创业、接力奋斗的铁人精神和大庆精神。

现在，大庆市已经全面建成小康社会，城市面貌清新疏朗，恬静安逸。这里拥有扎龙湿地等 15 个自然保护区，铁人王进喜纪念馆等 13 家 4A 级景区，22 个国家级生态乡镇，人均公共绿地面积 13.13 平方米、绿化覆盖率 43.68%，全年空气质量优良天数达到 330 天，生态环境在全国排在前列，被誉为“绿色油化之都、天然百湖之城、北国温泉之乡”。

三、从无到有的攀枝花

攀枝花市位于川西南和滇西北的接壤地带，金沙江和雅砻江交汇处，是全国唯一一座以花命名的地级市，享有“花是一座城，城是一朵花”的美誉。这里是中国最大的钒钛基地，矿产资源丰富，被称为“富甲天下的聚宝盆”“中国西部工业明珠”。作为新中国成立后才出现的中等城市，攀枝花市经历了从无到有、再到好变强的过程。

攀枝花市中心城区原名上下坝村，是金沙江畔一个不起眼的小村落，形成于清朝同治八年。因为村口有一棵古老而又高大的攀枝花树，又被称为攀枝花村。攀枝花村最早见于民国地图，是因为资源勘探。1940 年 6 月，当时的地质学者和探矿专家绘制矿区略图，发表《西康省盐边县攀枝花及倒马坎铁矿区地质报告》，确定该地系磁铁矿、磁黄铁矿及黄铁矿、黄铜矿物质，储量约 1000 万吨。

因为民国政局不稳，政府缺乏财力和物力进行开发，攀枝花的铁矿始终在地下沉睡。新中国成立后，国家进入大发展阶段。1954 年 7 月，南京大学地质系教授徐克勤带领应届毕业生参加暑期地质普查，在攀枝花一带发现储量达数亿吨的钒钛磁铁巨型矿藏。地质部随后派人勘测，确定结果属实。

1956 年初，地质部部长李四光向毛泽东汇报了此事。毛泽东听完汇报后非常高兴，并且给这个地方取名就叫攀枝花。从此这块地方就有了一个新的名字，而且不再局限那个小村庄。此时“一五”计划快要结束，“二五”计划的编列也已经开始，并没有财力在偏远的攀枝花实施大的建设。

完成“一五”计划和“二五”计划后，新中国建立了完整的国民经济体系，为后来工业发展奠定了基础。20 世纪 60 年代，我国外交在取得突破的同时，与周边邻国的关系逐渐紧张。苏联在中苏、中蒙边界陈兵百万，又策动新疆分裂分子举行武装叛乱。美国胁迫周边国家和中国台湾地区，对中国进行封堵。印度、日本、韩国对我国虎视眈眈，蓄意破坏周边安全局势。

为了应对国内外复杂局势，中共中央、国务院决定以国防建设为中心，将关系国计民生的生产资料实施战略大转移，使我国拥有一个相对安全的战略大后方。整体工业建设采取一线、二线、三线分离的方式，加快贵州、四川、陕西、青海、甘肃等边远和内陆省区的建设。

按照新建项目靠山、分散、隐蔽的方针，在大西南、大西北和中南地区确定了一系列建设目标。其中，西南地区以攀枝花钢铁基地、六盘水煤炭基地、成昆铁路“两点一线”的建设为主攻方向。包括冶金、地质、煤炭、机械、林业、化工、铁路、交通、邮电、劳动、卫生、城建等部委和西南三省均派人支援。

来自全国各地的几万建设大军集结于金沙江畔，奋战在这个只有“七户人家一棵树”的荒芜村落。由于部门互不统属，机构叠床架屋，物资调配困难重重，甚至影响了建设者的积极性。

为了统一调配，西南局于 1965 年 1 月 7 日向中共中央、国务院提出《关于成立攀枝花工业区政府的请示》。随后，周恩来总理批示攀枝花成立特区政府，政企合一，接受冶金部党委与四川省委的双重领导。攀枝花特区人民委员会很快成立，对外改称渡口市。

实施政企合一的军事化领导，人力、财力和物力得到了集中管理，攀枝花的建设一日千里。“天当罗帐地当床，金沙江是大澡堂。”“三块石头架口锅，帐篷搭在山窝窝。”生活条件很困苦，住的帐篷都是临时搭建的，但这阻挡不了人们高昂的革命斗志和建设热情，反而孕育出“艰苦创业、无私奉献、团结协作、勇于创新”的三线精神。

大家豪情万丈地表示：“不想爹来不想妈，不想孩子不想他（她）。一心建设攀枝花，不出铁来不回家。”人们夜以继日地工作，身体十分劳累，依然不愿意休息。他们都说：“攀枝花建不好，毛主席睡不着觉，我们能睡着觉吗？”

为了攻克用普通高炉冶炼钒钛磁铁矿的工业难题，冶金部牵头成立了“高炉冶炼攀枝花矿试验工作组”，包括东北工学院、攀钢研究院、鞍山钢铁、武汉钢铁等 14 个单位共计 108 人组成攻坚团队，史称“一百单八将”，最终突破了世界性难题。

为了设计好工业基地，冶金部专门抽调 800 多名技术人员，反复考察实地，突破苏联常规采取的“大平地、大厂区、大铁路、人字形”的“三大一人”模式，按照 3 个大台阶、23 个小台阶，绘制出了“象牙微雕钢城”的蓝图。

1965 年 11 月，邓小平受党中央、国务院和毛泽东的委托，带领国务院各部委考察大西南的三线建设。针对建设过程中遇到的困难，邓小平指示各部委迅速及时地解决。

经过几年的艰苦奋战，建设者们硬是搬走了 2.5 亿立方米的岩石，采用台阶式设计，把一个大型钢铁厂建在三个大平台上。1969 年 12 月，周恩来发出号令，要求攀枝花在 1970 年 7 月 1 日前出铁，向党的生日献礼。

一号高炉当时仅完成工程量的27%，距离完工还有一段距离。工人们和技术人员只好吃在工地、住在工地，日夜加班连轴转，用一双双布满老茧的手创造了人间奇迹。

1970年7月1日，攀枝花钢铁厂首次出铁，飞溅的铁水伴随着人们的欢呼声响彻整个金沙江畔。同在这一年，发电厂、选矿厂、焦化厂、铁路等配套工程陆续完工，中国西南地区兴起了新的工业基地，实现了从无到有的跨越。

改革开放后，渡口市正式更名为攀枝花市，辖东区、西区、仁和区、米易县、盐边县3区2县，俗称“有米有盐（米易县、盐边县），有东有西（东区、西区），天时地利人和（仁和区）”。

现在的攀枝花，已经成长为一座具有现代科学技术和管理模式的工业化城市，拥有全球第一的产钒企业和我国最大的钛原料钛加工企业。攀钢生产的含钒百米钢轨，因其含钒耐磨耐腐蚀的特性，被广泛应用在京津高铁、青藏铁路等国家重要工程和高寒高海拔项目，远销全球30多个国家和地区。

现在的攀枝花，还是一座阳光康养宜人居住的小康城市，先后入选全国呼吸环境十佳城市、全国十大凉都、中国避暑名城、中国康养城市排行榜50强、中国城市宜居竞争力排行榜50强，吸引着无数的人们来到这里定居和安养。

第六章
改革春风

改革开放是一条成功者的必经之路，也是一条国家再创辉煌的必由之路。在20世纪最后20多年里，中国共产党冲破艰难险阻，走出了一条以经济建设为中心的改革开放之路。春风吹拂着华夏大地，中国发生了翻天覆地的变化，在站起来的基础上实现了真正的富与强。

一、春天的故事

1976 年 10 月，党中央采取果断措施，粉碎了“四人帮”。随后，广大干部群众强烈要求恢复邓小平的领导职务，扭转十年内乱造成的停滞状态。

1977 年 7 月，党的十届三中全会决定恢复邓小平被撤销的一切职务。邓小平站出来明确反对“两个凡是”，提出我们必须世世代代地用准确的完整的毛泽东思想来指导全党、全军和全国人民。他同时指出：“独立自主不是闭关自守，自力更生不是盲目排外。科学技术是人类共同创造的财富。任何一个民族、一个国家，都需要学习别的民族、别的国家的长处，学习人家的先进科学技术。”[①]

随后，光明日报发表《实践是检验真理的唯一标准》，引发关于真理标准问题的讨论，冲破了长期以来“左”的思想束缚。1978 年 12 月，党的十一届三中全会在北京召开，高度评价了关于真理标准问题的讨论，否定了“以阶级斗争为纲”，将党的工作重心转移到社会主义经济建设和改革开放上来。邓小平在党的十一届三中全会召开前的中央工作会议闭幕会上发表《解放

① 《邓小平文选》第 2 卷，人民出版社 1994 年版，第 91 页。

思想，实事求是，团结一致向前看》，成为党的十一届三中全会的主题报告。

1979 年 4 月，关于深圳、珠海、汕头、厦门对外开放的调研报告放在中央领导的案头。部分领导还在犹豫，对于是叫“贸易合作区”还是“出口加工区”争论不休。邓小平坚持定名为“特区”，希望深圳依靠国家的政策摸着石头过河，杀出一条血路来。

对外开放打开了中国的国门，促进了中国的内部改革，增强了综合国力。正如《春天的故事》歌词所写的那样：“一九七九年那是一个春天，有一位老人在中国的南海边画了一个圈。神话般地崛起座座城，奇迹般地聚起座座金山。春雷啊唤醒了长城内外，春晖啊暖透了大江两岸。啊！中国！啊！中国！你迈开了气壮山河的新步伐，你迈开了气壮山河的新步伐，走进万象更新的春天……”

1980 年 5 月，中共中央和国务院决定在深圳、珠海、汕头、厦门设立经济特区，鼓励以多种形式引进外资，学习国外先进的科学技术和管理经验。1984 年 5 月，以邓小平同志为核心的党的第二代中央领导集体进一步开放天津、上海、大连、秦皇岛、烟台、青岛、连云港、南通、宁波、温州、福州、广州、湛江、北海 14 个沿海港口城市。

次年 2 月，中共中央又决定把长江三角洲、珠江三角洲、闽南厦漳泉三角地区开辟为沿海经济开放区。经过多层次、有重点、点面结合的开放设计，中国形成了“经济特区——沿海开放城市——沿海经济开放区——内地”的对外开放格局。大量的外国和港澳台、海外华人华侨的资本进入中国大陆，为经济发展注入了生机和活力。

同时，中国的农村体制改革和城市体制改革也在进行中。家庭联产承包责任制迅速普及全国，家庭联产承包责任制成为农村的主要经营模式，人民公社迅速瓦解，乡镇政府建制得到了恢复。

乡镇企业大量兴起，农村出现了大量的万元户，以华西村为代表的亿元村迅速成长。绝大部分农民吃饱了饭，生活质量迅速提升。对于没有摆脱贫困的地区和人口，国家制定了针对性措施，开启了有计划、有步骤的区域开发式扶贫模式。

农民体制改革基本完成后，城市经济体制改革全面展开。国有企业的经营自主权逐步扩大，所有权和经营权适当分离，加强市场在经济运行中的作用。突破单一公有制的所有制结构，形成了公有制为主体、多种所有制成分并存的新局面。个体经济、私营经济、“三资”企业从无到有，逐渐发展壮大。

同时，教育体制改革和国家领导体制改革也在逐步推进。邓小平提出，科学技术是第一生产力。恢复高考，中国的大学教育重新走上正轨。针对干部终身制带来的弊端，邓小平主动提出各级领导人都要严格实行任期制，加强民主集中制，不搞“一言堂”，贯彻社会主义民主精神。

1989 年 6 月以后，邓小平多次提到自己的退休问题。他指出：“我多年来就意识到这个问题。一个国家的命运建立在一两个人的声望上面，是很不健康的，是很危险的。不出事没问题，一出事就不可收拾。”[①] 同年9月，他向中央政治局写信，正式辞去中国共产党军事委员会主席的职务，为领导体制改革作出了表率。

1992年1月，邓小平考察武昌、深圳、珠海、上海等主要城市。一路走，一路看，一路思考，邓小平发表了一系列重要讲话。他认为，必须坚持四项基本原则，坚持改革开放。改革就是发展生产力，不改革就没有发展，就是死路一条。社会主义的本质在于是否有利于发展社会主义生产力、是否有利于提升社会主义国家的综合国力、是否有利于提高人民的生活水平。

邓小平鼓励各地的干部群众继续解放思想，不要被现实的困难吓倒，也不要被眼前的挫折击垮。中国处于社会主义初级阶段，需要几代人的努力才能实现现代化。一些社会主义国家退出了历史舞台，不代表社会主义不合理，还是要看各国的共产党内部能不能搞好。

邓小平南方谈话发出后，中国的改革开放迈向了一个新阶段，《春天的故事》对南方谈话有过一段诗意的赞美：“一九九二年又是一个春天，有一位老人在中国的南海边写下诗篇。天地间荡起滚滚春潮，征途上扬起浩浩风帆。春风啊吹绿了东方神州，春雨啊滋润了华夏故园。啊！中国！啊！中国！你展开了一幅百年的新画卷，你展开了一幅百年的新画卷，捧出万紫千

① 《邓小平文选》第3卷，人民出版社1993年版，第311页。

红的春天。……”

1997年2月19日，一代伟人邓小平在北京逝世，享年93岁。消息传来举国悲痛，人们采取各种方式进行悼念。在他去世后的几年内，中国收回了香港和澳门，洗刷了一百多年前列强带来的屈辱，而且实现了总体小康，正在向全面小康迈进。这一切都得益于改革开放，中国的综合国力迅速增强，中华民族的复兴梦成为现实。

二、小岗村的壮举

1978年是中国的改革之年，农村体制改革的星星之火首先在安徽省凤阳县梨园公社严岗大队小岗生产队点燃，然后漫延至全中国。中国改革为什么首先发生在农村，而且是从下到上自发开始的？这是因为人民公社在后期的发展过程中，严重束缚了生产力的发展。

截至1978年，中国仍然有2亿多农民没有解决温饱问题。小岗生产队的改革让农民看到了希望、看到了光明、看到了未来。

凤阳县以凤阳花鼓闻名于世，也因为出了个皇帝朱元璋被大家熟知。以前凤阳人逃荒，为了讨要一碗饭，唱着凤阳花鼓走遍四方。正如花鼓中唱的那样：“说凤阳，道凤阳，凤阳本是个好地方。自从出了朱皇帝，十年倒有九年荒。……大户人家卖骡马，小户人家卖儿郎。奴家没有儿郎卖，身背花鼓走四方。”

新中国成立近30年时，凤阳县的贫困问题没有得到解决。凤阳县委书记陈庭元回忆：“1978年的大年初三，从临淮关火车站到凤阳的18华里路途上，我边走边看，沿途三五成群的农民要饭乞讨的情景，刺痛我的心。我对凤阳有近110万亩土地而40万农民却吃不饱饭实在难以理解。”①

小岗生产队位于凤阳县城东南约20公里处的一个地方，因为地处一个海拔约50米、略带起伏的岗地，所以被称为“小岗”。这里是凤阳最落后的地方，正像它的名字一样，是个又小、又偏、又贫穷的村落。

刚解放时，小岗竟然划不出一户地主，大部分都是贫下中农。分到土地后，农民的干劲很足，等到了走集体经济，干劲就下来了，成了吃粮靠返销、用钱靠救济、生产靠贷款的“三靠”村。

改革开放之前，小岗生产队有20家农户、110口人、517亩农田、10头耕牛和几把犁耙，没有一间砖瓦房。家家户户都穷，很多家穷得只剩下一床棉被，时常冷灶无米下炊。1978年，小岗再次遭受大旱，社员们只能外出讨饭。生产队长严俊昌琢磨着当一回干部，没有能力让群众吃饱饭，实在对不起群众，也

① 陈新兴编:《土地之子：陈庭元纪念文集》，安徽人民出版社2010年版，第211页。

不能总是依靠国家救济，要自己杀出一条血路来。

严俊昌私下对社员讲走分田单干的路。他说:“我想狠下决心，坚决走这个路。我把我的命交给人民、交给党。如果我被逮去，我就问我身犯何罪?那反过来说，我们一天到晚逃荒要饭，连裤子都没得穿，这还能是社会主义道路吗?”社员们开始有些害怕，后来索性豁了出去，只是担心严俊昌的安全。

冬天的一个夜晚，严俊昌召集了 18 户农民在严立华家破陋的茅屋开会。经过几番讨论，最终大家决定分田单干。为了保密，各家各户不准向外透露，连至亲好友也不能说。如果干部因为分田到户坐牢，其他社员要给他们送牢饭，抚养他们的小孩到 18 岁。

严俊昌最后说:“我们把生产干好了，第一个不能忘记国家，我们小岗过去每年上交国家的任务是 1800 斤粮食，我们首先要完成国家的任务，第二个要留足集体的，第三个才是我们自己，大家有没有意见?大家说没意见，我们既然把生产干好了就不能忘记党，要踊跃地把粮食贡献给国家。”就这样，小岗生产队分田开始单干，严俊昌作为主事人，最后一个分到地，拿了较差的地，体现了他大公无私的精神。

1979 年刚开春，严俊昌号召大家，哪怕啃树皮、吃树叶，也要把生产安排下去，有一分钱也要买种子。纸里包不住火，没有不透风的墙，小岗生产队分田单干的消息还是传到了梨园公社。公社书记张明楼找到严俊昌反复询问，最后扬言扣除口粮、牛草、种子，严俊昌还是没有说。

回到生产队，严俊昌召集社员开会，明确说以后国家补助没了，如果想靠救济过日子，那就再把田收拢回来。社员们都说，宁愿不吃救济粮，也要坚持分田单干；如果真把耕地用的几头牛拉走了，就用大铁锹挖。

第二天，公社书记张明楼又把严俊昌叫去，对他日夜询问了三四天。严俊昌没办法，明确说已经把地私分了。张明楼赶紧上报凤阳县委，陈庭元得知消息后，赶快来到小岗生产队考察。摸清情况后长叹了一口气，说就让小岗生产队干到秋天，该拨发种子就拨发种子，公社不要阻拦，看秋收情况再定。

1979 年，小岗人经过一年的奋斗，庄稼长得非常喜人，迎来了丰收的喜悦。全队共产粮食 13.237 万斤，相当于 1966 年到 1970 年 5 年粮食产量的总和。油料总产 3.52 万斤，是过去 20 年的总和。家庭副业也有了很大发展，生猪饲养达 135 头，超过历史上任何一年。

因为过去 23 年一粒粮未交，还年年吃供应粮，今年特意向国家交售粮食 2.499 万斤，超额多倍，社员还准备卖 5000 斤山芋干。全队第一次归还国家贷款 800 元，油料统购等各项指标均超额完成，还留足储备粮和公积金。

其间，县委书记陈庭元几次来到小岗，满脸都是喜悦。据严俊昌回忆：“有一天我到家之后，我把饭煮好，去场上晒草。陈庭元到我家舀了几碗饭，炒了菜喂小孩吃饱了，到场上去找我，说你家小孩我都给你喂饱了。这么好的书记要是倒霉了，我严俊昌死也闭不上眼睛啊！我看到分田到户这条路不被认可，我说陈书记啊，我们这个路是走不通的。陈庭元说没事，你大胆干。”

小岗村的改革获得了切实的支持。附近地区一看小岗取得了成功纷纷效法，掀起一波分田单干的浪潮，甚至引起了安徽省委的高度重视。省委主要干部有的支持，有的反对。万里书记主持开了常委会，统一意见表示支持，给小岗人开了最大的政策口子。

1980 年 1 月，安徽省召开农业工作会议，万里特意让陈庭元介绍小岗的“大包干”经验。会议结束后，万里亲自来到小岗村考察，明确表示共产党人打江山，就是为了让人民过上好日子，小岗生产队做得没有错，可以接着干三五年。考察完上了车，万里还叮嘱严俊昌一定要接着干好，完成生产的同时搞一点养殖，存储一定的余粮，不要光喊口号，也不要弄虚作假。

不久，安徽其他地区和四川部分地区也开始了类似的改革，包产到组、包产到户、包干到户等形式层出不穷，总之是对人民公社制度的变革。当相关信息汇报到中央，又出现了意见分歧。个别思想保守的领导痛心疾首，感慨“辛辛苦苦三十年，一夜回到解放前”。也有同志担心，都分田单干了，以后农业机械化怎么办，农田水利怎么建，农村的社会主义道路怎么走。

地方干部鉴于中央意见不统一，也在犹豫踟蹰。有些地方干部甚至把已经分好的田收回，批判勇于改革的下属。5 月，邓小平在北京听完万里的汇报后，明确表示："农村政策放宽以后，一些适宜搞包产到户的地方搞了包产到户，效果很好，变化很快。安徽肥西县绝大多数生产队搞了包产到户，增产幅度很大。'凤阳花鼓'中唱的那个凤阳县，绝不多数生产队搞了大包干，也是一年翻身，改变面貌。有的同志担心，这样搞会不会影响集体经济。我看这种担心是不必要的。"[①] 有了邓小平的坚定支持，分田单干才没有夭折。

1980 年 9 月，中共中央下发《关于进一步加强和完善农业生产责任制的几个问题》，公开肯定生产队领导下的包产到户没有政治问题，不是资本主义复辟。10 月，全国农村工作会议在北京召开，讨论农业生产责任制的问题，通过了《全国农村工作会议纪要》，第一次明确肯定包产到户、包干到户是社会主义集体经济的生产所有制。

1983 年 1 月，中共中央印发了《当前农村经济政策的若干问题》，充分肯定了家庭联产承包责任制。1983 年 10 月，中共中央、国务院联合发出《关于实行政社分开建立乡政府的通知》，要求各地在 1984 年以前完成乡政府的筹建工作，不得拖延。截至 1984 年底，99% 的人民公社完成了政社分离，全国共建立了 9.1 万个乡镇政府和 92.6 个村民委员会，人民公社彻底成为历史。

---

① 《邓小平文选》第 2 卷，人民出版社 1994 年版，第 315 页。

三、从小渔村到大都市

深圳又被称为“鹏城”，位于珠江三角洲东岸，毗邻港澳，隶属广东省，是新中国第一个经济特区。这个曾经偏居一隅的小渔村，创造了一个个发展奇迹，逐渐成长为一座文明美丽的现代化大都市，为中国乃至整个世界的城市发展提供了样本。从时代角度看，深圳与改革开放同步，与中国实现小康同轨，成功不是偶然的。

党的十一届三中全会否定了“以阶级斗争为纲”，将工作重心转移到经济建设上来，实行对内改革、对外开放的国家战略。一声春雷响彻云霄，改革开放的春风唤醒了沉睡的人们，也吹拂了封闭多年的广东省。

1979 年 4 月，广东省在对外开放的道路上先行一步。广东省委在中央召开的经济工作会议上提出，希望中央下放若干权力，让广东在对外经济活动中有较多的自主权和机动余地，允许在毗邻港澳的深圳和珠海及属于重要侨乡的汕头举办出口加工区。

国务院组织的中央部委领导到广东和福建两省调研，回来给中央写报告，建议划出深圳、珠海、汕头和厦门做实验。至于叫什么名字，有的同志说叫“贸易合作区”，有的同志说叫

“出口加工区”。在讨论时，邓小平说：“还是叫特区好、陕甘宁开始就叫特区嘛！中央没有钱，可以给些政策，你们自己去搞，杀出一条血路来。”①

中共中央从来就不是把深圳作为一个单纯的出口加工区或者贸易合作区，而是作为一个突破传统束缚的经济特区，为对外开放打开一扇窗口。1980 年 8 月 26 日，叶剑英委员长主持五届全国人大常委会第十五次会议，时任国家进出口副主任的江泽民受国务院委托，作出关于建立特区和《特区条例》的说明，获得了通过。这一天后来成为中国经济特区的成立纪念日和深圳的生日。

改革总是充满艰辛，也充满很多争论。一些人对于开放深圳总是有太多的意见，认为那不过是“新的洋务运动”，现在的经济特区就是外国殖民者施压中国而不可得的“开放口岸”。甚至还有人说，这就是殖民地的翻版，完全不搞社会主义，而是背弃了社会主义，走向了万恶的资本主义。

这些有争议也有影响力的讨论成为一种潜流和暗流，时刻影响改革开放的进程。1984 年 1 月到 2 月，邓小平来到南方，特意考察了深圳、珠海、厦门三个特区。经过考察，邓小平对特区的成就很满意，分别给三个特区题了词。此后，关于深圳发展道路的争论告一段落，深圳也逐渐打破单纯依靠外贸出口的格局，发展出一条以轻工、服装、手表等劳动密集型产业为

---

① 中共中央文献研究室编：《邓小平年谱》第 4 卷，中央文献出版社 2020 年版，第 510 页。

主体的“三来一补”道路。

1992年1月，88岁高龄的邓小平坐火车南下，先后来到武昌、深圳、珠海、上海等地考察。

在深圳，邓小平会见广东省和深圳市负责人，明确指出：“改革开放胆子要大一些，敢于试验，不能像小脚女人一样。看准了的，就大胆地试，大胆地闯。深圳的重要经验就是敢闯。没有一点闯的精神，没有一点‘冒’的精神，没有一股气呀、劲呀，就走不出一条好路，走不出一条新路，就干不出新的事业。”①

这些讲话明确指出了深圳的发展道路，为改革开放指明了正确方向，带来了新一轮的发展机遇。深圳以海纳百川的心胸，广纳五湖四海、四面八方的各类人才。经济特区打破了传统体制对人的束缚，释放了潜在的生产力。一张白纸可以绘出最美丽的图案，这里是新的开始，没有任何束缚，只要有梦想和激情，就可以创造辉煌和未来。

发展才是硬道理，深圳的基础十分薄弱，有的只是政策优惠，其他都很缺乏。不过没有关系，摸着石头过河，一路披荆斩棘，必定取得辉煌，空谈误国，实干兴邦。拼搏、创新、奋斗和创业是每个深圳人行囊中的精神食粮，也是每个深圳人坚守的人生原则。

企业家利焕南年轻时当过生产队长和中小学教师，后来顺

① 《邓小平文选》第3卷，人民出版社1993年版，第372页。

应改革开放的大潮创办了企业。1982 年，利焕南卖掉家乡的资产，来到举目无亲的深圳，开始干建材，后来转战房地产。期间有过成功的辉煌与欢笑，也有过失败的低谷与迷茫。

刚开始时，利焕南在福田一村的路边租了一块地皮，用柱子加铁皮弄了一个 30 多平方米的铁皮屋。经过几年的奋斗，他建成了一栋 1400 平方米、6 层楼高的金鹏大厦，开起了第一家具有综合性质的金鹏酒楼。再经过十几年的发展，金鹏酒楼逐渐发展为金鹏控股集团，涉足多个领域，成为全国知名的民营企业。

回首大半生的奋斗历程，利焕南发自内心地感谢深圳这座城市，更感谢中国实行的改革开放政策。他说：从 1982 年踏上深圳开始，我逐渐从一个洗脚上田的农民转变为一位企业家。无论对于深圳还是我自己，中国改革开放的政策都有着不可磨灭的作用。我生在深圳，长在深圳，在深圳度过了半辈子。我很庆幸自己能与这个改革开放前沿城市一同生长，也很欣慰将自己交给了这座伟大的城市。

深圳改革开放过程中采取了合同制，作为最早实行现代企业管理制度的地区，吸引了无数人来到这里。据中国企业家摄影协会（深圳）执行主席王琛回忆：“我们来深圳才 18 岁，我们是中国第一批合同制工人，总感觉漂在海上。那个时候环境很恶劣，没有蚊帐，深圳的蚊子很厉害，俗话说‘南头的苍蝇，上步的蚊子’，只能脸上盖报纸。”

这种艰苦的生活没有让他退缩，整个深圳都洋溢着斗志昂扬的时代精神。作为第一代创业者，这里的人们积极进取、力争上进，无论是警察、职员还是退伍军人、公司老板，很多人都在夜大上课，学习现代文化知识。他们都相信，只要靠自己的双手，挥洒自己的汗水，与时代同呼吸共命运，就能获得美好的生活，为社会主义建设贡献一份才智。

招商银行原行长马蔚华曾经对记者说，新中国第一家股份制银行出现在深圳并不是偶然的，深圳作为改革开放的试验区，始终支持创新和创造，容忍失败和挫折。在他看来："商业银行像一个标杆，一个中国改革开放的试验品，一个标志性的银行，所以我非常向往，对深圳这块热土从内心感到向往。"

风雨前行中有成功就有失败，有痛苦就有欢欣。追求梦想的道路上曲折和困难也是最美的风景，但是风雨之后一定会见到彩虹，成就最终的美好。深圳的辉煌离不开普通劳动者的辛勤劳作，无论是建筑工地的挥汗如雨，还是流水线上的标准化协作；无论是街头运送的日晒雨淋，还是铁皮屋里的精心设计，都成为一代人的青春记忆。

铸就小康梦想，实现中华民族伟大复兴从这里开始。不争论，大胆地试，大胆地闯，冲破思想禁锢，深圳人发出了"时间就是金钱，效率就是生命"的口号。三天一层楼的基建速度，让整个世界为之惊叹，匆匆前行的脚步踩出坚实的脚印，发出了时代进步的最强音。

现在的深圳，已经成长为一座充满活力、动力和创新力的现代化大都市；现在的深圳，已经成长为中国经济中心、科技产业创新中心、区域金融中心和商贸物流中心；现在的深圳，已经全面建成小康社会，成为中国乃至世界城市发展的样板，成为中国向世界展示改革开放的窗口，GDP 超过了世界上 160 多个国家和地区。

征程万里风正劲，重任千钧再出发。2019 年 8 月，在深圳即将迎来建市 29 周年之际，中共中央、国务院出台关于支持深圳建设中国特色社会主义先行示范区的意见，赋予了这个经济特区新的历史使命。深圳从一个小渔村到现代化大都市的发展历程表明，只要中国坚持改革开放的正确道路，必然会完成两个一百年的奋斗目标，最终建成富强、民主、文明、和谐、美丽的社会主义现代化强国。

第七章

先富带动后富

先富带动后富，实现共同富裕是社会主义的本质要求。“大眼睛”苏明娟的故事，代表着希望工程惠及的千家万户；“三西”扶贫政策的出台，代表着党中央和国务院始终将贫困群众的切身利益当作首要考量；华西村的兴起及辐射周边地区，代表着先富带动后富、以经济发展促使地区繁荣成为一种可能。

一、大眼睛的故事

再苦不能苦孩子，再穷不能穷教育，贫困地区之所以出现代际贫困，很大程度是因为教育不发达，适龄儿童无法接受完整的义务教育。青少年是祖国的花朵，没有文化、从不读书的孩子谈何未来。

当然，出现这种状况的原因很复杂，有些是家庭供不起，有些是地方政府不重视，有些是社会上存在愚昧思想。“读书无用论”大行其道，让真正想上学的孩子只能在教室外徘徊，听着教室里传来的琅琅读书声默默流泪。

贫困地区的代际传承是悲哀的社会现实，“贫二代”“贫三代”的出现让人无比心痛。我在上高中时，看到一道作文题，大致内容是这样的，有一位记者前往某山区，碰到一个放羊娃。记者问：“你放羊为的是什么？”放羊娃答：“卖钱。”记者问：“卖了钱干什么？”放羊娃答：“娶媳妇。”记者问：“娶了媳妇呢？”放羊娃答：“生孩子。”记者又问：“有了孩子呢？”放羊娃答：“放羊。”记者默然，无言以对。

希望工程是改革开放后共青团中央实施的一项扶贫助学计划，创办的初衷是集合社会上的财力、物力和人力，解决失学儿童的上学问题。发展20多年来，这项工程建立了无数的希望小学、希望中学，帮助无数的失学儿童重新走进课堂，完成九年义务教育。

人们提起希望工程，总会想起那张标志性的图片——一张黑白照片，一个小女孩拿着一支铅笔，一双充满渴望的大眼睛目视前方。大眼睛女孩叫苏明娟，1983 年出生于安徽省六安市金寨县桃岭乡张湾村，属于当地最穷的山区。父亲母亲都是普通农民，田地很少，打的粮食只够吃半年。父亲为了生计，没日没夜地上山砍柴、到河里捕鱼，生活很艰辛。

1991 年 5 月，苏明娟正在张湾小学上一年级。一个偶然的机会，她那双清澈明亮而且渴望知识的眼睛引起了谢海龙的注意。谢海龙是《中国青年报》的摄影记者，当时正在金寨县采访，很想拍到一张代表贫困山区孩子渴望读书的照片，于是把苏明娟抬头的一瞬间拍了下来。

当时，金寨县的辍学率高达 90%，很多想上学的孩子上不起学。就是所谓的张湾小学，也不算是一所现代化小学，不过是在旧祠堂因陋就简罢了。苏明娟回忆："我们那个校舍还不是真正意义上的教室，是以前一户人家的祠堂改建的，都没有窗户，也没有玻璃，是薄膜纸糊起来的，冬天的时候风都吹破了。教室里也没有电灯，也没有取暖的设备，我们都长冻疮。一个班三四十个学生，从一年级到五年级都有，只有桌子和黑板，我们坐的板凳都是自己带过去的。"

这张名为《我要读书》的照片成为希望工程的标志性图片，触及了海内外无数中国人的灵魂深处。人们纷纷捐款，连改革开放的总设计师邓小平，都以“一名老共产党员”的名义两次给希望工程捐款。这些善款推动了希望工程的发展，越来越多的孩子进入了明亮的教室，从而改变了数以百万贫困家庭的命运。

有好心人打听到苏明娟的家庭住址，专程送来捐款和物品。苏明娟的父亲鉴于自家勉强还过得去，就把捐款回捐给希望工程，把部分物品转送给当地更困难的孩子。

又有好心人送来资助，忠厚本分的父亲对苏明娟说：这钱我们不能要，因为我们已经有别人的帮助了。你爸你妈还能干活儿，还能养活你和弟弟。这极大地鼓舞了苏明娟的上进心，让她明白要自立自强，要依靠奋斗改变自己的人生。

苏明娟成了希望工程的形象大使，还被邀请到北京参加会议。1998 年 6 月，苏明娟当选为团中央第十四届候补委员，成为这届团代会年龄最小的代表和委员。1999 年 9 月，苏明娟被团中央下属的中国青少年发展基金会授予“全国希望之星”的称号。

苏明娟甚至被写进了小学课本，一篇名为《渴望读书的大眼睛》这样写道：“你看，这双大眼睛，是那样明亮，那样专注。它注视着前方，生怕漏掉老师在黑板上写的每一个字，生怕漏掉老师讲的每一句话……你看，这双大眼睛，闪烁着渴望，充满着忧郁。虽然清晨教室光线并不明亮……”

当然，苏明娟成了远近闻名的名人，也有一些烦恼。比如一些记者缺乏对人的基本尊重，总想拍下那双大眼睛，有时甚至故意吓唬她。频繁的外出活动让性格内敛沉静的她不胜其烦。但是，随着年龄的成长，她逐渐意识到自己作为形象大使的特殊使命。

只要是正常的慈善活动，她总是积极参加，做好分内的事情，从来不提任何额外的要求。因为她知道，每筹集一次善款筹措，就有失学儿童获得重返校园的机会。

在希望工程和好心人的帮助下，苏明娟考上了安徽大学金融管理系，虽然是专科，也算圆了藏在心底的大学梦。父亲为了挣学费，来到金寨县梅山镇开了一家小面馆。小面馆生意并不好，有时一天只有十几块钱进账。

安徽一家房地产老板知道了苏明娟考上大学，还在为学费发愁，赶紧捐助了1万元。苏明娟收到钱后很高兴，当知道槐树湾乡学生陈健家里更困难，她又从1万元中拿出2000元捐给陈建。这让好心的老板非常感动，又给陈健捐了1000元。

大学期间，苏明娟学习之余坚持自己打工，通过做家教和勤工俭学锻炼自己。寒暑假时，她还和同学一起参加公益事业，来到山区学校，鼓励渴望读书的孩子们努力学习走出大山。

因为优异的表现，苏明娟在学校获得良好的口碑，成为师弟师妹立志学习的榜样。每次回到家，苏明娟都来梅山镇父亲开的那家小面馆，默默地将客人用过的碗筷洗刷干净，再帮父亲做一点儿力所能及的事情。

苏明娟大学毕业后，应聘到一家银行上班，工作之余始终参加公益活动。在安徽省青基会、安徽省希望工程办公室下面，她成立了以自己名字命名的“苏明娟助学基金”。这源自一种感恩，正如她所说：“希望工程改写了我的人生。没有希望工程，没有社会各界好心人的帮助，我的求学之路不会这么顺利，也许我还会一直留在大山里。”

作为一个走出大山的孩子，苏明娟时常回到家乡，竭尽所能地改变着家乡的生活。她曾感恩地说：“希望工程给我的帮助，不仅仅是物质上的，更多的则是精神上的。它使我知道世界上有那么多的好心人在关心着贫困孩子，它让我认识到一个人除了满足物欲外，还应有更高的精神追求。帮助别人是一种美德，回报社会是一种义务。我也要尽自己所能回报社会。”

截至 2019 年 9 月，希望工程已经走过 30 多年，累计接受捐款 152.29 亿元，资助家庭困难学生 599.42 万名，援建希望小学 20195 所。关爱孩子就是关心未来、铸就未来、创造未来，希望工程为失学儿童打开了一扇希望之门、未来之门、光明之门。

中国的扶贫大业有了希望工程的助力，充分发挥了社会各阶层的力量。涓涓细流汇成江海，点点星光照亮夜空，让失学儿童成为社会的栋梁之材。爱心可以传递，一颗心可以温暖另外一颗心，爱的奉献成为时代主流，将促使社会走向安定有序。一位哲人讲过，爱心就像一盏灯，以一灯燃百灯，百灯燃灯千千万，说的就是这个意思。

二、"三西"扶贫记

改革开放后，中国采取体制改革的方式，实现了两三亿人的脱贫大业。这种方式快速有效，立竿见影，为世界反贫困做出了历史性贡献。但是，很多地区因为交通、资源、教育、社会等原因，仍然存在着大量的贫困人口。这就要求国家采取针对性的扶贫措施，帮助这些地区告别延续千年的贫困问题。

中国区域性扶贫源自于20世纪80年代的"三西"地区。"三西"地区指的是甘肃的河西地区、定西地区和宁夏的西海固地区。定西地区和西海固地区连在一起，是典型的黄土高原，干旱少雨，地质疏松，千沟万壑，沟谷纵横。大地像被剪刀剪得一样，看上去七零八碎。河西地区自然环境相对好一些，有一些农业灌溉区。

因为极度缺水，水像金子一样珍贵。据说天上的鸟和地上的牲畜都认得送水车，每当水车经过村口，瘦骨嶙峋的牛羊跑得比人还快。有的女人一生只洗三次澡，出生一次，结婚一次，去世一次。因为缺水，粮食产量始终上不去，春种一粒麦，秋收一棵草。

当地流传着这样的顺口溜："山像和尚头，有沟无水流。山坡挂满坡耕地，下籽十升打一斗。"人们不是不勤劳，只是生存条件实在恶劣。当地人逃过荒，要过饭，为了活命什么都吃。

清末，左宗棠平定新疆途径定西，看到赤地千里，十室九空，感慨地说“陇中苦瘠甲于天下”。这个区域被联合国专家称为“最不适宜人类生存的地区之一”，意思是很难看到生存的希望。土生土长的西海固作家火仲舫描述当地的贫困面貌说：有的农民家里就一个碗，老爷爷先吃，吃完儿子吃，然后两个小孩吃，再是女人吃。小孩没有衣服穿，光着屁股，只用个绳子在腰里系着，冬天冻得直打战。

1982 年，西海固和定西地区又遭受了严重旱灾，人们实在吃不饱饭了，沿着旧路向河西走廊或关中逃荒，造成了交通阻塞和社会不安定。中央领导听闻此事，赶紧前来视察，提出“兴河西之利，济定西之贫”,“有水路走水路，水路不通走旱路，水旱路都不通另找出路”。

1983 年，国务院专门成立“三西”地区农业建设领导小组，中央财政每年拨款 2 亿，预计用十年解决“三西”地区的贫困面貌。宏伟蓝图被编成口诀，让当地干部和群众知晓：三年停止生态破坏，五年基本解决温饱，两年巩固提高，十年改变面貌。种草种树发展畜牧，改造山河治穷致富。退一步，进两步，反弹琵琶。这个行动首开中国乃至人类历史上有组织、有步骤、有计划区域开发式扶贫的先河。

按照扶贫计划，国务院和甘肃、宁夏两省对西海固和定西地区的部分贫困人口实施搬迁。直到现在，共搬迁上百万贫困人口到宁夏的黄河灌区、甘肃河西走廊的疏勒河和黑河灌区。为什么一定要搬迁？农民们有深刻的体会：“老家十年九旱，记得1982年几乎没降水，土地泛着白色，没一颗绿草，牲口80%都渴死了。”

也有村民感慨说，20世纪80年代在老家，一方土地养活不了一方人，七八岁的孩子没裤子穿。1984年在政府的安排下，整村搬到了黄河灌溉区。刚开始搬迁过来，也遇到过困难，生地第一年长不出粮食，第三年收获了300多斤，几年后终于上升到1000多斤。原来简易的土坯房全部翻修成了砖瓦房。人们一下子就告别了祖一辈、父一辈的贫困面貌，斩断了穷根，实现了真正的富裕。

当70%的绝对贫困人口搬迁，当地的生存环境立马得到了改善，人均耕地面积和粮食产量稳步提升。为了从根本上解决缺水的问题，西海固和定西地区坚持用好地表水，挖掘地下水，拦蓄天上水，兴修水利，治理旱情，以水解穷。

在国家的大力支持下，固海扬黄灌溉工程开始兴建。渠首像一条巨龙一样将黄河上扬380米，将珍贵的黄河水源源不断地送往干旱地区，60万亩旱地变成了水浇地。其后，大型的梯田改造计划也在进行中，植树种草有序展开。青山再次披上了绿装，水土得到了保持，人与自然出现了良性循环。

2019年4月，新的固海扬水工程正式连接完毕，由1978年建成的同心扬水工程、1982年投入运行的固海扬水工程和2003年建成通水的固海扩灌扬水工程三个系统组成。整个工程共投运泵站 29 座，总长 460 公里，年均引水量 4.5 亿立方米，供水量 3.9 亿立方米。固海灌区 160 万人、200 万亩田地受益，对灌溉、发电和旅游发挥着重要功能。

除了搬迁和发展当地经济，国家还实施对口支援政策。1996 年，国务院决定东部 10 个较发达的省市帮扶西部 10 个较落后的省区。福建与宁夏回族自治区成为对口帮扶单位，时任福建省委副书记的习近平担任对口帮扶领导小组组长，主抓对口扶贫。

1997 年 4 月，习近平来到宁夏的西海固，连续 6 天考察当地的帮扶状况。陪同人员提示说，要注意饮水安全，西海固的水是咸的，喝了会拉肚子。考察过程中，习近平来到一户农家，特意舀起一瓢水品尝。水的味道实在不好，给习近平留下了深刻的印象。考察完渭源县引洮供水工程工地，习近平感慨地总结了八个字：民生为上、治水为要。

同年 10 月，福建和宁夏两省区决定建立一个移民示范区——“闽宁村”，地址定在永宁县西部一个叫玉泉营的地方。闽宁村真正奠基时，习近平因为工作繁忙没有亲临，发送了贺信，让当地人非常感动。

据村民回忆：闽宁村奠基那天，习近平同志代表对口帮扶领导小组发来贺信。我就站在台下听人读那信，听着听着就哭了，虽然那时闽宁还是一片荒凉，但我知道搬出山沟沟一定会有希望。

2001 年 12 月，经宁夏回族自治区批准，闽宁村升格为闽宁镇，并入玉海经济技术开发区。20多年里，闽宁镇先后接收西海固6个国家级贫困县的4万多移民，在脱贫的基础上实现了小康。广场、商店、医院、学校应有尽有，标准化的住宅小区鳞次栉比，开创了扶贫攻坚的“闽宁模式”。

在习近平的主导和福建帮扶干部的帮助下，西海固地区的海原县甘城乡打出了一口井，解决了人畜饮水问题。据统计，福建对口支援宁夏过程中，先后在宁夏打了超过1.5万眼井窖，解决了30万人、10余万头大牲畜的饮水困难问题。

2002年8月，时任福建省省长的习近平出席闽宁协作第六次联席会议，正式启动了“闽宁万名失学儿童救助工程”。20年来，福建共帮助宁夏新建和扩建学校200多所，资助学生9万多名，培训教师7000多人次。扶贫先扶志，扶志必扶智，是习近平扶贫工作的总结，给宁夏地区的孩子走出大山、奔向光明的未来，插上了飞翔的翅膀。

2008年4月，时任中共中央政治局常委、国家副主席的习近平再次来到宁夏，考察了六盘山区到黄河两岸的河川村落。看到人们的生活得到了极大的改善，感到由衷的欣慰。

时隔8年的2016年7月，已经担任中共中央总书记的习近平再次来到西海固，对随从人员明确表示再到比较艰苦的农村看看。在泾源县大湾乡杨岭村，习近平总书记走进一户村民的家中，关切地问家里的小男孩是否经常洗澡。当得知人们不再为水犯愁，习近平总书记露出了欣慰的笑容。

来到闽宁镇，习近平总书记视察了特色产业和居民生活，感慨地说:“20 年来，闽宁村发展成了闽宁镇，你们的收入也从当年的人均 500 元增加到现在的 1 万多元，将近 20 倍。看到你们开始过上好日子，脸上洋溢着幸福，我感到很欣慰。”在与村民聊天时，习近平总书记再次深情地说:“闽宁镇探索出了一条康庄大道，我们要把这个宝贵经验向全国推广。”[①]

三、华西村的辉煌

华西村位于江苏省江阴市以东的华士镇，有“天下第一村”的美名。“天下第一村”不是华西人自己喊出来的，而是有着清楚的来历。2001 年 6 月，中组部、中宣部、中央统战部等七个部门在北京联合举办“肩负人民的希望”大型图片展览，首次称赞华西村为“天下第一村”，称吴仁宝书记为“天下第一村的带头人”。从此,“天下第一村”的称号响彻中华大地，传遍整个世界。

华西大队成立于 1961 年，面积不足 1 平方公里，800 多亩土地高低不平，被分成 1300 多块。当时流传着这样的顺口溜：高田岗、高田岗，半月无雨苗枯黄；低田塘、低田塘，一场大雨白茫茫。

① 《习近平在宁夏考察》，新华网，2016 年 7 月 19 日。

华西大队是当时有名的贫困区，人们有时还要逃荒要饭。外村的姑娘不愿嫁过来，本村的成年男子也不好找对象。当时有人编了一首顺口溜："华西人住的茅草房，穿的补丁装，吃的麸皮糠、薄粥汤，口袋两面光，还要拖儿带女去逃荒。"

新官上任的吴仁宝清点了大队的全部家当，集体资产 1764 元，外加一台 30 马力的柴油机，欠债 1.5 万元。家底不够，举步维艰，还是要努力发展。国家号召"农业学大寨"，大寨大队同样是白手起家，靠勤劳苦干将 4700 多块田地变成了 2900 块，粮食亩产稳步提升。吴仁宝自己向陈永贵看齐，号召大家向大寨大队学习，结合华西大队实际制定了一份《华西十五年愿景规划》。

吴仁宝身先士卒，带领大家平整土地，兴修水渠，努力改变华西大队的贫困面貌。从鸡鸣干到狗叫，最苦最累的活都是书记冲在前面。1972 年，华西大队亩产达到 2100 斤，粮食产量完全超越了一吨，实现了"吨粮田"的既定目标。

但是，人口不断增加，良田基数不变，人均耕地面积越来越少，增加的粮食产量被新生人口消耗。吴仁宝敏锐地感觉到，如果照此下去，"高产大队"会变成"高产穷队"，还是无法解决根本问题。

在当时中共中央鼓励办乡镇企业的形势下，吴仁宝说服群众，在杂草丛生、树木茂密的水塘旁建了一个小五金厂。这个小五金厂给华西大队赚来了工业发展的"第一桶金"，十年间实现 300 万元的产值。

吴仁宝在此期间担任江阴县委副书记、县委书记，同时兼任华西大队支部书记。改革开放后，上级有意安排他出任苏州地区农工部部长一职，他感谢组织的培养和关怀，表达了想专心投入华西建设的意愿，然后挥一挥衣袖，回到村里再次成为农民。

伴随着改革的春风，吴仁宝在华西大队先后创办了塑料厂、药械厂、织布厂、锻造厂等一系列村办企业。华西村迎来了乡镇企业大发展的契机，走出了一条由农到工、以工补农、工业致富的新型农村建设之路。

家庭联产承包责任制席卷全国之际，华西大队也面临着体制改革。吴仁宝充分吃透中央精神，集合华西村具体实际，将600亩土地承包给30个种田能手，其他的人力、财力、物力和土地全部用来工业开发，没有走家庭联产承包的道路。

针对上级的询问和群众的疑惑，他坚定地说："不是我们不分田到户，我们是听中央的。中央讲宜统则统，宜分则分。那如果你宜统的不统了，这就不对了，宜分的不分，也是不对的。"

此后，华西村的工业发展进入一个新阶段。华西人在吴仁宝的率领下，以超前的思维、契合市场的商品型号和过硬的商品质量，接下了一个又一个商品订单，实现了一次又一次的产值飞跃。

鉴于农民工技术水平和文化素质不高，吴仁宝专门从上海请来懂行的工程师来到华西做培训和演讲。这些举措提升了农民工的技术水平，开拓了华西人的视野。

截至1991年底，华西村已经创办大小企业20多家，年产值5亿元。1992年初，吴仁宝在新闻上看到邓小平南方谈话，敏锐地感觉到中国将迎来大发展。凌晨3点，他召集党员干部开会，发动全村人马奔赴各地抢购各种原材料。以往，华西村发展总是求“稳”，要求内外无债。这次，吴仁宝四处借钱，又向村民集资，凑足2400多万元，打破了常规。

没过多长时间，上万吨钢材、上千吨铝锭和其他原材料把库房堆得满满当当。吴仁宝相信，中国的经济改革会持续增进，市场经济掀起新一轮发展大潮，必然带来原材料价格的疯涨。

不久，邓小平南方谈话精神下发基层党支部，中央坚定走社会主义市场经济的发展道路。原材料价格随之大涨，铝锭甚至涨了好几倍，华西村一转手就赚了一个多亿。后来有报道称，吴仁宝“开了一次会，赚了一个亿”。

改革是为了人民，发展也是为了人民，工业进步的红利一定要让人民群众受惠。吴仁宝始终坚持这个信念，华西村工业发展上去了，人民生活水平也上去了。

据不完全统计，华西村先后拥有50多项“全国第一”，比如第一个电视村、第一个电话村、第一个汽车村、第一个别墅村、第一个亿元村、第一个百亿元村、第一个村办企业上市……这在多次荣登全国百强县首位的江阴市，也是一份亮丽的答卷，让整个地区乃至全国对华西村刮目相看。

先富带动后富，最终实现共同富裕是社会主义的本质属性，也是中国共产党员奋斗的目标。扶贫不是恩赐，是先富村镇必须完成的社会责任。作为全国扶贫十大状元，吴仁宝坚持带动周边乡村乃至全国乡村的经济发展。他始终说："一个人富了不算富，集体富了才算富；一村富了不算富，全国富了才算富。"

自2001年开始，华西村陆续合并了周边13个行政村。按照统一规划，原华西村为中心村，其他按照华西一村、二村的次序命名。"大华西"共3.5万人、6.53平方公里，采取"一分五统"的方式，即"村企分开，经济统一管理、干部统一使用、劳动力在同等条件下统一安排、福利统一发放、村建统一规划"。"小华西"每年为"大华西"支出粮款、保养金、新房款近亿元，十多年内累计支出十几亿元。

1995年开始，吴仁宝响应国家西部大开发、区域式开发式扶贫的理念，先后在黑龙江和宁夏新建了两个"新华西村"。华西团队来到黑龙江肇庆市小山屯村三年，帮助村里筑起了引水沟，种上了水稻，帮助农民们搞起养猪、养鸭、养鱼等副业。

为了实现经济的跨越式发展，华西团队还接手了一个即将倒闭的电线电缆厂，出钱出力，引入生产线，实现了扭亏为盈，临走时交给了当地政府。遗憾的是，这家电线电缆厂在华西团队撤出不久，又再次倒闭。

这一点极大地刺激了吴仁宝和他的华西团队。他们深刻地认识到，一个地区的发展关键在于思想观念的转变和经营体制的转变，输血的成效远远不如造血，于是每年安排全国各地的基层干部来华西村接受培训。

2003年，吴仁宝主动退出领导岗位。他的儿子吴协恩当选华西村党委书记、华西集团董事长，同时兼任中共江苏省委委员、中共江阴市委委员，党的十八大、十九大代表。为了适应国内外局势的发展，吴协恩制定了短期、中期、长期三结合的发展战略，通过规范竞聘、定岗定薪等措施，打造真正的农村都市和百年老店。

2015 年，吴协恩带领华西集团积极地走出去，不但继续开拓国内市场，到云南开采大理石，到重庆和湖北建立农商城，而且开始闯荡国际市场，到日本学习种大米，到莫桑比克开采花岗岩。他说："依托'一带一路'这个开放包容的合作平台，我们要沉下身子、迈开步子，不断开阔国际视野、加强国际合作、拓展国际市场。"

华西村的辉煌，离不开老书记吴仁宝，也离不开新书记吴协恩。这对父子作为华西村的掌舵人，将一个破败贫穷的大队变成了全国知名的富裕村，又变成了享有世界盛誉的国际品牌。曾经，吴仁宝放弃了县委、地市一级的领导职务，也放弃了充满光明前景的仕途，回到华西村再次做起了农民，很多人都不理解。吴协恩也问过父亲这个问题，吴仁宝总是一笑而过。

当华西村村民都搬入了几百平方米的别墅，吴仁宝还住在原来的旧屋里。他对吴协恩说："家有黄金数吨，一天也只吃三顿，豪华房子独占鳌头，一个人也只占一个床位。"

当很多村民拿到几十万分红、很多管理人员拿到几百万奖金，吴仁宝还是拿着自己的基本工资，坚守着自己的人生原则，即"不拿全村最高的工资，不拿全村最高的奖金，不住全村最好的房子”。即使是村里给他的奖金，他也回捐给了集体。

针对很多乡村带头人把乡镇企业办成了自己的私企，吴仁宝说：“一个企业家，应该有先天下之忧而忧，后天下之乐而乐的精神。办好企业，发展经济，并不是为自己中饱私囊，花天酒地，享其厚福。”

吴仁宝始终坚守一个共产党员的初心和使命，为人民谋幸福，为民族谋复兴。一名党员就是一面旗帜，一个党支部就是一个战斗堡垒，这是华西村全面建成小康社会、实现共同富裕的根本保证。

第八章
再创辉煌

改革开放一直在路上，从来没有停滞，停滞意味着止步不前。“八十年代看深圳，九十年代看浦东”，清楚地概括了 20 世纪后 20 年中国的改革进程。成都、兰考为代表的内地市县，在改革开放的进程中完成了脱胎换骨的改变，实现了地区的繁荣和发展。

一、上海浦东的崛起

1978 年以来，中国的前进步伐没有停止，始终在努力寻找改革的示范区和开放的窗口区。

上海仅作为一个沿海大城市，在改革开放中的地位和作用没有得到充分的发挥。

不改革，没有发展，也没有出路，更没有前途。中共中央把改革开放的着力点投向了上海、投向了浦东。邓小平曾说："上海是我们的王牌，把上海搞起来是一条捷径。"[①]

1990 年 4 月 18 日，中共中央、国务院宣布开放浦东，吹响了时代的号角。美国《纽约时报》随后发表长篇报道——《向世界展示中国仍在大搞经济》，明确指出浦东开发是中国坚持走改革开放的一个重要信号。

中国改革开放的重点实现了一次从南到北的战略转移，确立了"开发浦东、振兴上海、服务全国、面向世界"的重要方针。

正如围棋高手下棋，妙着一子，满盘皆活。中央给了浦东连深圳都羡慕的特殊政策，比如允许设立证券交易所，设立最大限度的保税区，允许外资建设机场、港口、铁路、公路、电

① 中共中央文献研究室编：《邓小平年谱》第 5 卷，中央文献出版社 2020 年版，第 608 页。

站等能源交通项目，从获利年度起，前五年免征所得税，后五年减半征收。

“80年代看深圳，90年代看浦东”，成为一句流行语。如果说20世纪80年代的深圳改革开放是“破冰之旅”，那么90年代的浦东开发就是“攻坚之旅”，将改革开放提升到了一个新的量级。计划时代是建设标兵，改革开放中也要做全国楷模。晚走一步的上海人憋足了劲，在新的时代征程中找寻自己的定位，开启了浦东新区和整个上海市30年的高速发展。

1990年12月，浦东率先向世界建筑设计师征集陆家嘴金融贸易区的规划设计方案，打破了以往“全国安全保密”的限制。一面从城隍庙旧货市场淘来的铜锣，敲响了上海证券交易所的开市，表达了上海重塑经济、金融和贸易中心的决心。日本富士银行、美国花旗银行、英国汇丰银行等先后在上海开办分行，外国独资企业、中外合资企业纷纷入驻浦东。

1991年2月18日，正是大年初四，上海市主要领导准备在新锦江大酒店向邓小平汇报浦东开发情况。邓小平神采奕奕地坐电梯直到顶楼，再由顶楼缓步来到旋转餐厅。听完上海市主要领导汇报，邓小平有点遗憾地对大家说：“浦东如果像深圳经济特区那样，早几年开发就好了。开发浦东，这个影响就大了，不只是浦东的问题，是关系上海发展的问题，是利用上海这个基地发展长江三角洲和长江流域的问题。”[①]

① 《邓小平文选》第3卷，人民出版社1993年版，第366页。

邓小平鼓励他们："希望上海人民思想更解放一点，胆子更大一点，步子更快一点。"[1] 在场的人深受鼓舞，纷纷表示一定解放思想，拓展思路，将浦东发展提升到一个新高度。

1992 年 1 月 17 日，88 岁高龄的邓小平毅然踏上视察南方的列车，经过武昌、深圳、珠海，于 31 日折返到达上海，2 月 21 日结束南方之行，从上海启程返回北京。一路走，一路看，一路谈，一路思索，看似兴之所至，随意谈之，其实全都是深谋远虑，切实而发。

在上海期间，邓小平特意来到浦东，视察了南浦大桥和杨浦大桥工地，贝岭微电子公司、闽兴旗忠村和上海百货商店，听取了浦东新区发展规划的汇报。2 月 8 日，邓小平视察南浦大桥时，好奇地询问工程总指挥朱志豪。朱志豪说，不是世界第一，是世界第三，并用手指着他为南浦大桥的题字。邓小平看后，哈哈地笑了起来。

改革开放不要瞻前顾后，也不要裹足不前。邓小平南方谈话自始至终都贯穿着解放思想、实事求是、锐意进取、开拓前行的，为改革开放注入了新的动力。1992 年 10 月，上海市撤销川沙县，将黄埔、杨浦等区从浦东区域全部划出，单独成立了浦东新区。

2005 年 6 月，国务院批准浦东进行全国首个综合配套改革试点。2009 年 5 月，南汇行政区域划入浦东新区，标志着浦东

① 《邓小平文选》第 3 卷，人民出版社 1993 年版，第 367 页。

进入二次创业的新阶段。2013 年 9 月，中国首个自由贸易区在浦东诞生，开启了改革开放的一个新阶段。

现在的浦东，承担着金融、航运、贸易三大功能。以金融功能而言，浦东集聚了人民银行上海总部等“一行三会”驻沪监管部门，以及上海证券交易所、期货交易所、中国金融期货交易所等一批要素市场；以航运功能而言，浦东拥有洋山、外高桥、浦东机场等枢纽型港口，集装箱吞吐量连续八年位居世界第一，浦东国际机场旅客吞吐量突破 7000 万人次；以贸易功能而言，高新技术产品出口、高端消费品进口快速增长，平台经济、共享经济等新模式广泛渗透，线上线下融合、跨境电商等新业态加快成长。

如今，浦东向着更快更好的方向发展。推动以动迁安置房、公共租赁房、经济适用房、廉租房、限价商品房等保障性住房建设，实现社会保障制度全覆盖，确保各类人群应保尽保。同时，加强困难群体的就业援助工作，优化规划布局，新建扩建各地中小学，加快创建三甲医院，推进上海国际医学园区引入高端综合性医院和专科医疗机构。新建的世博园区域具有商务金融、旅游休闲、生态宜居等功能。

曾经的小路变成了通衢，棚户变成了别墅、臭水浜变成了景观河，一穷二白、破屋桑田的农村变成了高楼林立、繁花如锦的现代化都市。三十年河东，三十年河西，曾经“宁要浦西一张床，不要浦东一幢房”，现在浦东的房子在上海卖得最紧俏。浦东成了世界认识上海迅猛发展的一个窗口，也成了世界认识中国改革开放的一个窗口。

二、天府之国成都

“……在那座阴雨的小城里，我从未忘记你。成都，带不走的，只有你。和我在成都的街头走一走，喔哦，直到所有的灯都熄灭了也不停留。你会挽着我的衣袖，我会把手揣进裤兜，走到玉林路的尽头，坐在小酒馆的门口……”

几年前，有一首名叫《成都》的歌曲唱遍了中国的大街小巷。优美的旋律让人不由地对成都充满向往，这座美丽的城市再次进入人们的视野。成都又称“蓉城”，具有悠久的历史传统和文化底蕴，自古以来就是西南地区的政治、文化、经济中心。

“成都”之名是借用西周建都的典故，传闻周王迁岐“一年而所居成聚，二年成邑，三年成都”。成都地处四川盆地的西部，河网纵横，物产丰富，享有“天府之国”的盛誉。从建城之日起，“成都”之名未曾更改，这在世界城市发展史上非常罕见。漫长的时空转换中，成都与整个四川盆地一样，没有太多的小康景象。天下未乱蜀先乱，天下已治蜀未治，成都同样经历了太多太长时间的贫穷、战乱、衰败与屠戮。

1949 年 12 月，成都解放，开始成为川西行政公署驻地。1952 年，行署撤销，恢复四川省建制，成都市成为省会直到今天。三线建设时期，四川成为重点开发地区，成都也成为整个大西南三线建设的指挥中心、交通枢纽和后勤基地。成千上万的工人、干部、知识分子来到成都，或留在此地，或奔赴西南其他建设基地。

通过三线建设，成都摆脱了工业落后的局面，兴建了包括机械、电子、航空、冶金、化学在内的现代化工业体系，为以后的工业发展打下了基础。成都铁路局作为西南地区铁路建设的总部，奠定了成都在整个西南地区的枢纽地位。大量的铁路机关、工厂、科研院所云集于此，让这个古老的城市真正成为“铁半城”。

改革开放前 20 年，国家发展重点放在东部地区，中西部发展相对迟缓，成都各方面虽有进步，相比于东部大城市还是有很大差距。21 世纪初，中国已经总体建成小康社会，正在向全面建成小康社会迈进。相比于总体小康，全面小康更注重地域之间的平衡，尤其是逐渐缩小中西部与东部地区之间的差异。

为了实现西部地区的快速发展，与东部和中部地区齐头并进，国家开始实施西部大开发战略。这个战略总体目标是：经过几代人的艰苦奋斗，到 21 世纪中叶努力建成一个经济繁荣、社会进步、生活安定、民族团结、山川秀美、人民富裕的新的西部地区。成都作为西部大开发的重要支撑点和心脏城市，经济影响力遍及四川、云南、广西、贵州、西藏、重庆等西南六省，迎来了黄金发展的 20 年。

在这 20 年内，以成都为枢纽站新建了十余条省际高速铁路，形成了成都至贵阳、兰州、昆明、西安、武汉的4小时交通圈，成都至京津冀、珠三角、长三角的8小时交通圈。成都建有地区性枢纽机场，辐射整个西南地区。中国社会科学院发布的中国城市竞争力中，成都总是排名靠前，在西部排名更是多次蝉联第一。

同时，成都成为区域结构调整、产业转移与产业升级的受益城市。它既没有东南沿海用工荒、产业空心化的忧虑，也没有西北地区产业不发达的瓶颈。四川盆地为成都发展源源不断地输送劳动力，成都平原为成都发展提供广阔的建筑用地和工业用地，东部地区的劳动力密集型企业一部分转移到了成都。

“一带一路”倡议提出后，成都努力建设国际门户枢纽和内部开放新高地。具体而言，成都提出了“五项计划”，即实施国际客货运航线拓展计划、航空货运重点发展计划、国际班列提能计划、数字“一带一路”信息通道建设计划、国际供应链体系建设计划。这些措施提升了成都的国际化和现代化，找寻到了新的经济增长点。

可持续是发展的必由之路，成都是全国唯一一个城乡经济增长的同时，城乡收入差距得到遏制并逐渐缩小的特大中心城市。随着全国城乡统筹配套改革试验的进行，成都建立了覆盖城乡全体居民的基本养老、医疗保险体系，将所有人纳入社会保障的范围。

经过合理规划和防微杜渐，成都没有经历过水荒、电荒和用工荒，也没有经历过地面下沉、空气污染和沙尘暴。作为一座适宜人类居住的城市，成都的生活节奏既不像北上广深那么快，也不像一些中小城市那么慢。人们可以在工作之余，悠闲地在茶馆坐一坐，享受午后的美好时光。

英国经济学家约翰·霍金斯曾说：“成都有一种内秀的力量，代表着中国的至善至美。在未来，成都将会逐步向世界展示中国最佳的生活方式、文化、创新与商业。”成都正以独特的天府文化为内涵，追求“蜀风雅韵、中国风范、国际风尚”，在传统文化与现代文明找寻契合点，打造世界文创名城、世界旅游名城、世界赛事名城、国际美食之都、国际音乐之都、国际会展之都。

2018 年 4 月，独立的第三方机构竞争力智库和国家发改委主管的中国信息协会信用专业委员会联合发布了《中国城市全面建成小康社会监测报告 2017》。该报告涵盖全国 31 个省、市、自治区和 653 个城市，分别从经济发展、人民生活、文化建设、生态环境和社会治理五个领域进行系统监测，形成小康经济指数、小康生活指数、小康文化指数、小康生态指数和小康治理指数五个分项。地级市前 100 名榜单中，成都在列，而且排在前面。

2019 年 11 月，竞争力智库和中国信息协会信用专业委员会再次联合发布《中国城市全面建成小康社会监测报告 2018》，成都位列中国率先全面建成小康社会优秀名单第 8 位。这些科学监测表明，成都走在了时代的前列，已经全面建成小康社会，正在向更高、更远、更好的目标迈进。

三、兰考的新生

兰考县位于河南省东北部和黄河南岸，因为出了一位好书记焦裕禄，被几代中国人铭记。焦裕禄的一生，是拼搏奋斗、自力更生、为人民服务的一生，也是带领人民摆脱贫困、走向富裕、向困难说“不”的一生。

1922 年 8 月，焦裕禄出生于山东省博山县北崮山村一户普通的农民家里，生活相对殷实。1938 年，日本人打进了博山县，打破了焦裕禄一家的平静。15 岁的焦裕禄毅然拿起刀枪，开始了抗击日本、打倒国民党的斗争生涯。1945 年初，焦裕禄加入中国共产党，成为一名光荣的共产党员，辗转来到河南省参加革命和建设。

1962 年秋天，兰考县遭遇百年一遇的自然灾害，粮食产量降到历史最低水平，很多群众携家带口外出逃荒讨饭。河南省开封地委决定选派一名政治素质过硬、业务能力强的干部，来到兰考扭转当地的困局。

兰考是个特别贫困的县，工作展开困难重重，很多干部都想往外调，一些被调入的干部也是推三阻四。据原县政府办公室主任樊哲民回忆：“兰考这个地方是老灾区，穷，干部不愿意来。一调焦裕禄来，焦裕禄没有说二话就来了。”

焦裕禄被选中，一点也没有推辞的意思，坚定地向组织表态：感谢党把我派到最困难的地方，越是困难越能锻炼人。请组织放心，不改变兰考面貌，我决不离开那里！来到兰考后，焦裕禄先后担任县委副书记、书记。

在一个风雪交加的夜晚，焦裕禄带领常委们来到灾民集中的火车站，看到携家带口的灾民不禁泪流满面，心痛地表示：“都是我们没有把工作干好，让你们受苦了！你们去吧，路上注意安全。”他回来后沉痛地向干部表示：他们大多数人，都是我们的阶级兄弟，是灾荒逼迫他们背井离乡的。不能责怪他们，我们有责任。党把这个县36万群众交给我们，我们不能领导他们战胜灾荒，应该感到羞耻和痛心。

针对兰考内涝、风沙、盐碱三个严重问题，焦裕禄专门组建了一支百人调查队，亲自带队追寻洪水来源，查找风口方向，探明流沙走势。不管遇到肆虐的风沙，还是遇到如注的大雨，焦裕禄始终冲在第一线。此时的他已经身患肝病，有的同志劝他休息，他总是摆摆手。

经过41天的奋战，跋涉行程5000多里，终于获得了第一手资料。整个兰考县共有大小风口84个，大小沙丘1600个。地图上还标注出淤塞的河道、废弃的路基。对灾害做到心中有数，焦裕禄又向当地老农民和技术干部请教如何治理“三害”。

根据客观规律和兰考地区的自然条件，焦裕禄制定了治沙、治水、治碱的措施。他亲自带领群众种植泡桐、整治河川，向内涝、风沙、盐碱“三害”宣战。干部和群众跟在他的后面，改变着兰考恶劣的生存环境。同时，他还深入基层，号召农民搞好生产，尽量多打粮。

一年四个月的时间里，焦裕禄走遍了兰考的主要地区，“三害”得到了有效遏制。因为积劳成疾，焦裕禄的肝病急剧恶化。当时没有什么特效药，他每次都拿牙刷和杯子顶住肝脏的部位，以减少疼痛。

1964 年 5 月，焦裕禄还是离开了人世。临终前，他留下遗言：我死后，不要多花钱，向组织有一个要求就是能把我运到兰考，埋在沙丘上。活着我没治好沙丘，死了我要看着你们把沙丘治好。第二年，兰考县 2500 多个生产队基本实现了粮食自给，新建的 19 万亩林带阻挡了风沙的侵袭。

焦裕禄用自己的行动践行了一名共产党员的誓言，为人民服务，鞠躬尽瘁、死而后已。他那“亲民爱民、艰苦奋斗、科学求实、迎难而上、无私奉献”的精神也被称为焦裕禄精神，成为新中国前三十年重要的精神财富，鼓舞着一代又一代共产党人走进群众，投入轰轰烈烈的祖国建设大潮。

1990 年，时任福州市委书记的习近平读了《人民呼唤焦裕禄》，感慨之余填写了一首《念奴娇·追思焦裕禄》，发表在 7 月 16 日的《福州晚报》。全词如下：“魂飞万里，盼归来，此水此山此地。百姓谁不爱好官？把泪焦桐成雨。生也沙丘，死也沙丘，父老生死系。暮雪朝霜，毋改英雄意气！依然月明如昔，思君夜夜，肝胆长如洗。路漫漫其修远矣，两袖清风来去。为官一任，造福一方，遂了平生意。绿我涓滴，会它千顷澄碧。”

2019年3月，习近平总书记再次来到兰考，感慨地说："我们这一代人都深受焦裕禄精神的影响，是在焦裕禄事迹教育下成长的。我后来无论是上山下乡、上大学、参军入伍，还是做领导工作，焦裕禄同志的形象一直在我心中。"习近平总书记还指出："我希望通过学习焦裕禄精神，为推进党和人民事业发展、实现中华民族伟大复兴的中国梦提供强大正能量。"①

习近平总书记还参加了一场别开生面的民主生活会，时任兰考县委书记王新军在民主生活会上发出了著名的"兰考之问"，即守着焦裕禄精神这笔精神财富已经50多年了，为什么兰考至今还顶着贫困县的帽子。"兰考之问"触及了干部的灵魂，也引起了群众的深思。

为了深入贯彻习近平总书记精准扶贫、精准脱贫的理念，兰考县委、县政府制定了"三年脱贫、五年小康"的目标，学习贯彻焦裕禄精神，坚决打赢脱贫攻坚战。按照美丽乡村的规划，每个村庄都要做到"八有八化""五个要点""六个目标"。

"八有"即有村庄规划、有文化广场、有休闲游园、有卫生公厕、有生态水系、有污水处理、有便民中心、有集体经济；"八化"即道路硬化、街道亮化、村庄绿化、庭院美化、线杆规范化、安全智能化、房屋墙体外立面一致化、管理长效化；"五个要点"即道路要宽、围墙要低、路灯要亮、院内要洁、厕所

① 习近平：《在河南兰考调研指导党的群众路线教育实践活动纪实》，《人民日报》2014年3月19日。

要改；“六个目标”即污水不出院、雨水能出村、强电要并杆、弱电要入地、村庄像公园、家庭像花园。

为了让扶贫更有针对性，兰考县对每位贫困户建档立卡，实现一户一档，做到不漏报和不瞒报。县里又成立了驻村扶贫工作领导小组，实现县领导分包乡镇和街道、科级干部当队长、科级后备干部当队员的驻村帮扶机制。

县乡两级共选派115个驻村扶贫工作队，深入115个贫困村，又选派335名干部入驻非贫困村，负责党建和贫困户的扶贫工作。这样切实做到了村村有脱贫规划、户户有脱贫措施，不拔除穷根坚决不撤队伍。

为了实现农村的长远发展，因村因户不同制定了12项精准帮扶政策。对已经脱离贫困的农户，实施保险、产业扶贫、外出务工补助、大学生补助、危道改造、雨露计划6项措施；对没有脱离贫困的农户，除了落实以上6项政策，还增加了医疗救助、中小学教育救助、光伏救助3项政策；对社会保障兜底的贫困农户，除了落实上述9种政策，还要全部纳入低保，60岁以下人员给予临时救助，人均土地不足1亩的按照每亩收益500元差额补助。

兰考县又通过招商引资，构建县域支柱产业，引进格林美、晓鸣禽业等膳食公司，积极探索市场化扶贫机制。同时还构建兴工、城投、工投、农投、畜投、文投、水投7大融资平台，政府和农户借助金融提升扶贫的能力显著提升。

广大兰考干部学习当年焦裕禄树立“四面红旗”的做

法，在全县农村开展争创“脱贫攻坚红旗村”“基层党建红旗村”“美丽村庄红旗村”“产业发展红旗村”等系列活动。这种立标杆、给荣誉、给待遇、树模范的方式，提升了干部的主体性、能动性和创造性。2017 年 3 月，兰考县正式摘掉了贫困的帽子，成为河南省第一批退出国家级贫困县的区域。

如今的兰考，已经不是过去的兰考。这里林带纵横，既有农业林网和防护带，也有农桐间作和农果间作，正所谓“林在田边，粮在树旁，农林结合，林茂粮丰”。人们再也不用受风沙、内涝和盐碱“三害”的侵扰。“改变兰考贫困的面貌，让老百姓改过好日子”，这是 50 多年前焦裕禄为之奋斗、为之拼搏、为之献身的愿望，现在终于得以实现。

第九章

新时代新征程

成功属于过去，新时代新征程的号角已经吹响。中国梦成为全体中华儿女追寻的梦，激励着人们努力前行。众志成城才能成就伟业，齐心协力才能完成创举。习近平总书记正是抓住了中国梦这个核心词，让全党、全军、全国各族人民拥有了一个共同目标，为之坚守，为之奋斗，为之努力，为之倾尽全力。

一、中国梦

“中国梦”这个词在中国出现得很早，可以追溯到南宋诗人郑思肖。他在《德祐二年岁旦》留下“一心中国梦，万古下泉诗”的句子。

改革开放后，“中国梦”首先被海外华人华侨引用，然后转回国内，逐渐成为高频词汇。2008 年 3 月，温家宝总理在回答记者关于台湾问题的提问时，引用这句诗表达内心的愿望，在海内外引起广泛的共鸣。

2012年11月，习近平总书记在国家博物馆参观“复兴之路”时，也引用了“中国梦”这一词，并赋予其新的时代内涵。他说：“现在，大家都在讨论中国梦，我以为，实现中华民族伟大复兴，就是中华民族近代以来最伟大的梦想。”①

习近平总书记还说：“我坚信，到中国共产党成立一百年时全面建成小康社会的目标一定能实现，到新中国成立一百年时建成富强民主文明和谐的社会主义现代化国家的目标一定能实现，中华民族伟大复兴的梦想一定能实现。”② 从此中国梦与全

① 中共中央文献研究室编：《十八大以来重要文献选编》上卷，中央文献出版社2014 年版，第 84 页。

② 中共中央文献研究室编：《十八大以来重要文献选编》上卷，中央文献出版社2014 年版，第 84 页。

面建成小康社会、实现中华民族伟大复兴和社会主义现代化联系在一起，进入中国共产党的政治话语体系。

梦想能够激励人上进，激励人在奋斗的路上永不停歇。每个人都有自己的梦想，每个组织也有自己的梦想。农民的梦想是风调雨顺，五谷丰登，粮食卖个好价钱；工人的梦想是工厂效益好，产品质量好，自己工资节节高；军人的梦想是国泰民安，军事素质过硬，中国不再受外国欺辱。

习近平总书记指出："历史告诉我们，每个人的前途命运都与国家和民族的前途命运紧密相连。国家好、民族好，大家才会好。实现中华民族伟大复兴是一项光荣而艰巨的事业，需要一代又一代中国人共同为之努力。空谈误国，实干兴邦。我们这一代共产党人一定要承前启后、继往开来，把我们的党建设好，团结全体中华儿女把我们国家建设好，把我们民族发展好，继续朝着中华民族伟大复兴的目标奋勇前进。"①

要想全面建成小康社会、实现中华民族伟大复兴的中国梦，就必须全面推进经济建设、政治建设、文化建设、社会建设、生态文明建设"五位一体"总体布局，促进各方面协调发展。

其中，经济建设是根本，政治建设是保证，文化建设是灵魂，社会建设是条件，生态文明建设是基础。把生态文明建设纳入总体布局，建设资源节约、环境友好、生态良好的发展新模式，满足了人民群众对于美丽中国的期盼与追求。

---

① 中共中央文献研究室编:《十八大以来重要文献选编》上卷，中央文献出版社2014年版，第84页。

为了厚植发展优势，实现跨越式发展，中国必须牢固树立并贯彻创新、协调、绿色、开放、共享的新发展理念。其中，创新发展是动力，协调发展是方法，绿色发展是方向，开放发展是战略，共享发展是归宿。

恩格斯说："一个民族要想站在科学的最高峰，就一刻也不能没有理论思维。"[①] 新发展理念是习近平治国理政新方法、新思路、新战略的体现，是马克思主义中国化的理论成果，体现了深邃的思想内涵和高远的理想抱负。

党的十八大以来，习近平总书记正是从发展中国特色社会主义的高度出发，提出全面建成小康社会、全面深化改革、全面依法治国、全面从严治党的战略布局。中国共产党领导中国人民锐意进取、埋头苦干、顽强奋进，再创辉煌，实现了从站起来、富起来到强起来的伟大飞跃。

改革开放的红利已经惠及所有人，经济发展和社会进步若没有带来民生的改善，将毫无意义。习近平总书记在湖南湘西十八洞村提出"精准扶贫、精准脱贫"的概念，中国的扶贫进入全新的阶段。"六个精准""五个一批""十大工程"这些举措针对每一个困难群众，做到了有的放矢、有力放矢、有效放矢。

无论是老革命区江西井冈山、焦裕禄工作过的地方河南兰考，还是少数民族聚居地区西藏林芝鲁朗镇、大眼睛女孩苏明

① 《马克思恩格斯文集》第 9 卷，人民出版社 2009 年版，第 437 页。

娟的故乡安徽金寨县，都实现了跨越式发展，彻底摆脱了千年以来的贫困。困难群众实现了“两不愁”“三保障”，即不愁吃、不愁穿和义务教育、安全住房、基本医疗有保障。他们有了稳定的收入来源，有了生活的信心和动力，不再因大病重病、孩子考入大学、生存环境恶劣等因素致贫返贫。

中国打赢了防范化解重大风险、精准脱贫、污染防治三大攻坚战，全面建成了小康社会。相比过去，中国的经济更加发展、民主更加健全、科教更加进步、文化更加繁荣、社会更加和谐、人民生活更加殷实。中国人民在党的领导下获得了进步、获得了尊严、获得了实惠，将会再创辉煌。

中国的发展离不开世界，世界的发展也离不开中国，中国的进步是对世界的贡献。作为世界上最大的发展中国家和第三世界的重要成员，中国始终坚持帮助其他第三世界国家。中国的实力增长了，增强了世界和平的力量，可以有效地维护世界和平，减少局部战争的爆发。“一带一路”上升为一种国家战略，加强了与沿线国家的经济联系，促进了当地的经济发展，促使这些国家和地区摆脱贫困、改善民生，共同享受中国改革开放的红利。

按照中国特色社会主义建设的步骤，中国完成全面建成小康社会的目标后，正在向第二个百年奋斗目标迈进。从 2020 年到 2035 年，中国人民再奋斗十五年，基本实现社会主义现代化；从 2035 年到 21 世纪中叶，基本实现现代化的基础上再奋斗十五年，将我国建成富强、民主、文明、和谐、美丽的社会主义现代化强国。到了那时，中国的物质文明、政治文明、精神文明、社会文明、生态文明都将得到全面提升，成为综合国力和国际影响力领先的国家。

2022年10月16日，中国共产党第二十次全国代表大会在北京人民大会堂开幕。这次大会是团结的大会、胜利的大会，也是一次继往开来的大会。中国式现代化的中国特色、本质要求、重大原则，得到了深刻解释，构建起了中国式现代化的理论体系。其中，党的领导直接关系到中国式现代化的根本方向、前途命运、最终成败。只有坚持中国共产党的领导，中国式现代化的目标才能行稳致远，激发出强劲的动力和无穷的能量。

中国式现代化深深植根于中华优秀传统文化，体现了科学社会主义的本质，借鉴了人类的一切优秀文明成果。中华优秀传统文化源远流长，古老深厚，是中华民族贡献于世界的智慧结晶和知识精华，也是中国式现代化的文化根脉，赋予了新时代的特点和烙印。中国式现代化正是结合了新时代中国的具体实际，实现了中华优秀传统文化的创造性转化，展示了中华文明的影响力、凝聚力和感召力。

往事越千年，如滔滔江水一样绵绵不绝，数风流人物还看今朝。中华民族发展历史上，有过辉煌与骄傲，也有过失落与悲伤，无数仁人志士为之流血流汗又流泪。中国共产党始终保持着不变的初心，牢记光荣的使命，带领中国人民踏上光明之路，迎来胜利的曙光。

中华民族是炎黄子孙，是龙的传人。中国人传唱着这首

《龙的传人》，踏上实现中国梦的征程：“遥远的东方有一条江，它的名字就叫长江。遥远的东方有一条河，它的名字就叫黄河。古老的东方有一条龙，它的名字就叫中国。古老的东方有一群人，他们全都是龙的传人。巨龙脚底下我成长，长成以后是龙的传人。黑眼睛黑头发黄皮肤，永永远远是龙的传人……”

二、防疫成就

一个国家的健康水平与医疗发展现状息息相关，一个国家的防疫水平也和公共卫生服务意识紧密相连。在旧中国，我国人口的平均寿命只有35岁，婴儿死亡率高达25%。晚清和民国没有建立全国范围的卫生防疫体系，整个社会动荡不安，几乎“无年不疫、无省不疫”。霍乱、鼠疫、天花、血吸虫病等传染病时常暴发，造成了人口大量死亡，健康水平下降，田园村落凋敝，社会生产落后。

新中国成立后，中央人民政府很快成立了卫生部，下设公共卫生局，后来改名保健防疫局，负责卫生防疫工作，针对各种流行病建立专门的防治所。国家成立中央防疫总队，前往疫情严重的地区开展调查、宣传、整治和消毒，同时组织清除垃圾、疏通渠道、平洼填塘、清理粪便，以及捕鼠、灭蝇、灭蚊、灭虱、灭臭、打麻雀等爱国卫生运动。

1952年12月的全国第二届卫生工作会议上，中国确定防疫的四大方针，即“面向工农兵、预防为主、团结中西医、卫生工作与群众运动相结合”，教导群众开展环境治理、疾病防治、预防保健和健康教育。国家明确规定，卫生防疫城市一定要到达每一条街道，每一个工厂、商店、机关、学校和每一户人家，乡村一定要到达每一个合作社、每一个耕作队和每一户人家。

新中国成立以来，持续不断的爱国卫生运动取得了突出的成就，对移风易俗和防治传染病产生了积极影响。20世纪50年代，中国基本消灭了鼠疫和血吸虫病；60年代，基本上消灭了天花，成功控制了性病，防治了流脑；70年代，屠呦呦团队发明青蒿素用于治疗疟疾，防止了布鲁氏菌和钩端螺旋体病的暴发。其他传染性疾病如霍乱、白喉、丝虫病、黑热病、克山病也得到了有效的控制。其中，屠呦呦团队还获得2015年的诺贝尔医学奖。

现在，中国人普通知道的是三种传染病的防治，分别是新中国初期的防治血吸虫病、新世纪初的抗击“非典”和新时代的抗击新型冠状病毒。

血吸虫病又称“大肚子病”，流行于南方水网密布、河湖纵横的地带。患者不分男女老幼，一旦得上极难康复，被人形容为“肚子像西瓜，脖子像丝瓜，手臂像黄瓜”。新中国成立初期，血吸虫病像幽灵一样游荡在华夏大地，遍及南方12个省区，患者多达一千万人，受到感染威胁的人口将近一亿。

毛泽东对防治血吸虫病很重视，多次下达指示，号召各部门、各地区团结协作，人人动手，消灭这个延续千年的恶性传染病。国务院和中共中央先后发布《关于消灭血吸虫病的指示》和《关于保证执行国务院关于消灭血吸虫病指示的通知》，县级以上地方成立防治血吸虫病领导小组。全国共充实和建立了1400多个防疫所、站、组，训练数万名防治干部、保健员、赤脚医生，奋战在抗击传染病的第一线。

以血吸虫病肆虐的余江县为例，人民群众将主攻方向放在消灭血吸虫病的宿主钉螺上，开挖新沟，填埋旧沟，掩埋钉螺。从1955年冬到1958年春，余江县共发动了3.6万多人灭螺，填埋长约382华里的老沟347条，开挖长约334华里的新沟87条，填平旧塘503口，搬动土方416万立方。经过几年的奋战，余江县不但消灭了血吸虫病，而且建立了系统的灌溉工程，增加了万亩良田。1958年6月，余江县登上《人民日报》，向党和人民宣告了防治血吸虫病的阶段性胜利。

毛泽东看到这个消息后，“浮想联翩，夜不能寐”，“遥望南天，欣然命笔”，写了两首《七律·送瘟神》。其一：“绿水青山枉自多，华佗无奈小虫何！千村薜荔人遗矢，万户萧疏鬼唱歌。坐地日行八万里，巡天遥看一千河。牛郎欲问瘟神事，一样悲欢逐逝波。”其二：“春风杨柳万千条，六亿神州尽舜尧。红雨随心翻作浪，青山着意化为桥。天连五岭银锄落，地动三河铁臂摇。借问瘟君欲何往，纸船明烛照天烧。”

改革开放之初，上海曾爆发甲肝，来势迅猛，发病人数多，影响范围大，但在短期内得到了有效控制。进入 21 世纪，抗击“非典”成为一个时期的历史印记，展现了中国共产党领导中国人民防治急性传染病的努力与成就。“非典”是一种由 SARS 冠状病毒引起的急性呼吸道传染病，开始传播于 2002 年底，爆发于 2003 年初，由广东进而蔓延全国，主要集中在广州、北京、香港等地。在这场没有硝烟的战争中，中国人民万众一心，众志成城，义无反顾，创造了举世瞩目的世界奇迹。

为了有效控制疫情，六家国企签下军令状，医疗设施迅速到位。北京在 7 天内建成小汤山医院，创下医院修建的世界最快纪录，让世界看到了中国改革开放的成就和抗击“非典”的决心。小汤山医院共收治中国约 1/7 的 SARS 患者，成为北京疫情由严峻走向缓和的转折点，充分体现了中国共产党的执政能力和社会主义制度的优越性。病人最终全部出院，没有发生一例院内感染。

任何危难的时刻，中华民族都有人挺身而出、不惧艰险、迎难而上，绝不随波逐流、畏首畏尾、推诿卸责。钟南山院士作为抗击“非典”的时代楷模，以实事求是的工作态度、严谨高效的专业作风和勇往直前的大无畏精神，置个人生死荣辱于度外，主动收治重症患者，堪称医界的翘楚和民族的脊梁。

不管时代如何变化，医学如何发达，救死扶伤始终是医务工作者终身奉行的最高准则，也是被世人铭记于心的行为标杆。正如钟南山院士从医五十年自己总结的那样：“作为一名医务人员，敬业精神至关重要。敬业精神就是要忠于职守，热爱本职工作，以病人为中心，全心为病人解除痛苦。对工作精益求精，对患者极端负责，淡泊名利，关爱病人，甘于奉献。”作为中国医界的代表，钟南山院士体现了中国人的风骨和担当，让世界看到了新中国医疗发展的巨大成就和专业精神。

2020 年初，新型冠状病毒在华夏大地肆虐，中国开启了另外一场防治急性传染病的战斗。从各地确诊病例看，武汉疫情的蔓延速度比想象得更快，不弱于 2003 年的“非典”。武汉全市有 1000 多万人口，号称九省通衢，是连接南北、沟通东西的交通枢纽，拥有大量外来务工人员和外出务工人员。新型冠状病毒潜伏期较长，部分患者表现为低烧或不发烧，可能还会出现“超级传播者”。84 岁高龄的钟南山院士，再次坐着火车从广州急赴武汉，担任国家专家组组长，为整个防疫提供高效专业的指导。

世间多少难为事，最似无情却有情，非常时期必须采取非常之举。

全国各地、新疆生产建设兵团及军队系统 4 万多医护人员驰援湖北，体现了同舟共济、共克时艰的真情。按照北京小汤山医院的模式，武汉新建了火神山医院与雷神山医院，专门收治新冠病毒重症患者。此时正值中国传统的节日——春节，无数医疗工作者、政府人员、社区工作者奋战在抗击第一线，保障广大人民群众的生命安全和身体健康。

此时，再多赞美的语言都苍白无力，行动的光辉已经说明一切，但是我们还是要感谢各行各业逆风而行、逆流而上的人们。无论是工作在湖北本省，还是主动请缨来到湖北的外省人员，他们都是新时代最可爱的人。部分人员甚至牺牲在抗疫第一线，献出了宝贵的生命。为了感谢并铭记他们的敢于担当和无私奉献，湖北省人民政府认定李文亮等 14 名一线人员为首批烈士。

中国的疫情得到了缓解，国外的疫情还没有得到有效控制。中国为了支援其他国家和地区，一方面积极开展复工复产，向国外出口各种医疗物品和医疗器材，另一方面派遣医疗专家到意大利、伊朗等国，协助当地的防疫工作。

中国的防疫成就和大国担当得到了世界绝大多数人的认可，赢得了广泛的尊重。历史和现实昭示，只有用科学的态度团结一致，众志成城，才能够战胜瘟疫病魔。世界其他国家和地区因地制宜，也学习中国成功的防疫经验，从而驱散了笼罩全球的阴霾，世界各国人民的生活重新步入正轨。

三、喀喇沁旗的蜕变

喀喇沁旗是内蒙古自治区赤峰市下辖的一个县级行政区，位于蒙、冀、辽三省交界处，地处燕山山脉七老图山东北麓，属于少数民族和汉族杂居区域。截止到 2024 年 1 月，全旗面积共有3050平方公里，辖9个乡镇、2个街道，161个行政村、14个社区，总人口34.3万人，有24个民族。少数民族以蒙古族和满族为主，其中蒙古族15.7万人，满族2.8万人。

喀喇沁旗自1994年被列为国家级贫困县，一直行进在艰辛的脱贫道路上。党的十八大以后，喀喇沁旗按照中央、自治区和赤峰市的部署，吹响了脱贫攻坚战的号角。全旗88个贫困村，陆续摆脱了贫困，走向了真正的乡村振兴。各个乡、镇、村利用区位优势、农作物种植传统和文化特征，走出了一条属于各自发展形态的特色道路，带动了整个地区走向小康。

牛家营子镇位于喀喇沁旗北部，据考证已经有300多年的历史。其中，北沙参的产量占全国的2/3以上，桔梗的产量约占全国的40%，所以也被誉为“中国北沙参、桔梗之乡”。药农还种植牛膝、黄芪、板蓝根、白芷、党参等多个品种，行销华北，并出口至日本、韩国等地。扶贫过程中，当地政府重点扶植药材产业，给予一定的政策优惠和财政补贴。经过多年发展，当地共有中蒙药材企业25家、个体工商户61个、专业合作社262个、种植户7000余户，种植面积稳定在8万亩以上，已成为我国东北及蒙东地区的药材集散地。

这个过程中，镇政府围绕“增收、就业、强基、救助”的脱贫战略，为全镇680户1539名贫困农民全部建档立卡。为了解决他们的资金困难，当地累计发放贷款700余万元，激发了贫困户的内生动力。依托丰富的中药材资源，当地构建了“互联网+合作社+精准扶贫户”的互助模式，切实解决药农的药材生产、培育和销售难题。最终，贫困户全部实现了脱贫，行进在社会主义的康庄大道上。

十家满族乡位于喀喇沁旗东北部，是乡镇一级的民族自治区域。当年康熙皇帝的女儿嫁给喀喇沁旗的蒙古族王爷，带来了十户陪嫁。格格去世后，这些陪嫁在公主陵附近守灵安家，构成了十家满族村落的主体。为了发挥特色民俗旅游在乡村振兴中的作用，十家满族乡充分利用毗邻马鞍山、公主陵景区的地理优势，打造以满族风情为主、体现生态环境和红色记忆为特征的精品旅游路线。

走进十家满族乡，平整洁净的水泥路深入各家各户。前来旅游的游客不但可以品尝具有浓郁满族特色的黏豆包和八大碗，还可以参观公主陵等古迹遗存。十家村满族博物馆悬挂着国家民委颁发的“中国少数民族特色村寨”匾额，充分展现着“中华民族一家亲、同心同筑中国梦”的时代主题。游客在此驻足，欣赏民族服饰和生活器皿的同时，还可以享用一顿正宗的满族盛宴。现在，十家满族乡已经成为远近闻名的生态文明村和小康村，尽显乡村振兴的勃勃生机和无限动力。

王爷府镇位于喀喇沁旗西南部，因为完整保存清代蒙古王爷的王府而成为驰名塞外的文化名镇。为了保护珍贵的文化遗产，喀喇沁旗政府20世纪末就展开维修，先后对王府30余栋古建筑进行了修葺，并且全面升级基础设施，打造了国内最大的“清代蒙古王府博物馆”。馆内分别开设喀喇沁亲王府历史、特睦格图、尹湛纳希、蒙藏学校等多个陈列展厅，展出珍藏文物数百件。

依托王府建设，镇政府积极发展当地的旅游产业，开放王爷府主街两侧的黄金地带，构筑商贸流通、餐饮服务、饰品展示为一体的商业街。同时，还引进锡伯河漂流项目，设置了餐饮、客房、水上游玩、垂钓园等多个旅游娱乐项目。近年来，王爷府镇接待百余万外地游客，直接带动了当地的经济发展，增加了当地村民的收入。在整体经济活跃的带动下，王爷府镇的人均收入每年都有提升，迈进了全面建成小康社会的行列。

美林镇同样位于喀喇沁旗西南部，辖区内有茅荆坝等原始次生林，以及韭菜楼、连阴寨、滴水壶、馒头山母树林、羊草沟种子园等雄奇壮美的自然景观。当地围绕“旅游兴镇，产业富民”的思路，打造“景区带村、扶强带贫”的旅游产业扶贫造血功能新模式。以东局子村为中心，政府招商引进专业的旅游开发公司，建设“山戎文化”为主题的风景旅游区。该旅游区包括自驾营地狂欢娱乐区、森林水寨部落区、山戎石寨区、山戎树寨区、高山欢乐草甸区以及 500 亩花海等，集休闲度假、运动体验、森林康养、观光农业于一体。当地农民在整体的旅游规划中获得了切实的收益，实现了脱贫致富。

为了加强当地文化建设，配合旅游区的开发，当地还重点打造示范村文化活动室，让文明的种子在山村绽放。其中，小美林村主打的是野生植物系列，共展出 91 科 700 余种。旺业甸村适应商贸新村的特点，打造山野珍品文化展览室，共展出包括野生和人生培育的山野珍品 70 余种。罗圈铺村活动室展示的是十二生肖灯饰品，体现了当地村民对美好生活的期盼和渴望。

雷营子村位于喀喇沁旗西桥镇，十几年前还是一个深度贫困区。当地的森林覆盖率超过50%，小山村依山而建，别有一番景色，但是因为交通不便和知名度不高，发展备受限制。全村贫困户达到66户202人，个别家庭连吃饱饭都成问题。近年来，旗镇两级党委政府加强村两委班子建设，发挥党支部的坚强领导和切实引领作用，走出了一条乡村振兴之路。雷营子的农家乐数量已经超过30家，直接带动了整个村庄的经济发展。

为了扩大旅游产业规模，雷营子村重点建设综合服务区、民俗旅游区、乡村休闲区、森林养生区、生态保育区等多个区域。作为革命老区，雷营子村还发挥红色旅游优势，专门建成八路军居住地、乡贤馆、乌蒙山小路等多个主题游览区，传承红色精神，打造爱国主义教育基地。在乡村建设方面，当地通过举办龙王庙会，开展耶律琮寻宝活动，深入挖掘当地人文精神，提升旅游景区的文化品位。

通过一个个特色乡镇的建设，如今的喀喇沁已经成为塞外的一颗明珠。当地聚力发展中蒙药材、设施蔬菜、肉牛、肉鸭、铜酸冶炼、新材料、农畜产品加工、文化旅游、商贸物流9个主导产业和林业经济优势产业，不但完成脱贫攻坚的重任，而且开发出了一条特色之路。“清新喀喇沁、健康生态游”的旅游品牌已经叫响，全旗实现了“全域皆风景，四季都能游”，提升了对外知名度和美誉度。

第十章
复兴之路

改善民生、实现乡村振兴、全面建成小康社会、最终实现中华民族伟大复兴，是社会主义的本质要求，也是中国共产党对人民、对世界、对历史的庄严承诺。中华民族走向复兴，不会落下任何一个偏远地区和贫困群众。只有各民族、各地区、各阶层齐头并进，才能真正实现炎黄贵胄的再次崛起。

一、三区三州攻坚战

习近平总书记指出：“我们不能一边宣布实现了全面建成小康社会目标，另一边还有几千万人口生活在扶贫标准线以下。如果是那样，就既影响人民群众对全面建成小康社会的满意度，也影响国际社会对我国全面建成小康社会的认可度。”①

全面建成小康社会要覆盖所有中国人，使其能享受政治进步和经济发展的红利。新中国成立70多年以来，少数民族实现了跨越式发展，与汉族一起进入社会主义社会。针对少数民族地区的现状，国家制定了多项扶贫开发政策。

2017年6月，习近平总书记在太原市召开的深度贫困地区脱贫攻坚座谈会上，特别将“三区三州”提出来。第二年8月发布的《中共中央、国务院关于打赢脱贫攻坚战三年行动的指导意见》中，5处提到“三区三州”，认为“三区三州”作为深度贫困地区，基础条件薄弱，发展严重滞后，公共服务不足，脱贫难度更大。从此，攻克“三区三州”脱贫攻坚战成为检验中国扶贫成功与否和全面建成小康社会与否的重要指标。

从国家行政区划看，“三区”即西藏、新疆南疆四地州和四

① 中共中央文献研究室编：《习近平关于协调推进“四个全面”战略布局论述摘编》，中央文献出版社2015年版，第47页。

省藏区。新疆南疆四地州包括喀什地区、和田地区、克孜勒苏柯尔克孜自治州以及阿克苏地区。四省藏区包括四川省的阿坝藏族羌族自治州、甘孜藏族自治州和木里藏族自治县，甘肃省的甘南藏族自治州，云南省的迪庆藏族自治州，青海省的海北藏族自治州、黄南藏族自治州、海南藏族自治州、果洛藏族自治州、玉树藏族自治州、海西蒙古族藏族自治州。“三州”即甘肃的临夏回族自治州、四川的凉山彝族自治州和云南的怒江傈僳族自治州。

“三区三州”基本处于青藏高原及其边缘地带，是民族自治区域，居住着藏、回、维吾尔、彝、羌、傈僳、哈萨克、白、怒、土、东乡、独龙等少数民族。这里成为扶贫攻坚的艰困区，主要是地理环境和历史传统造成的。从地理环境看，“三区三州”呈现出“高、寒、大、岖、少、远、边”的特征，生存环境恶劣，能够用于人类生产生活的资源很少。

这里海拔一般都在3000米以上，部分地区海拔高达5000米，大部分区域被雪山和高寒荒漠、粗疏植被覆盖。同时，幅员辽阔，横亘千里，山高谷深，地表破碎，自然灾害频发。耕地资源匮乏，土壤贫瘠，人均收入低，地区人口少，村落小，没有城市群，城镇化率极低。这里连接国境，战略位置重要，关系到领土主权的完整和国家的长治久安，以前侧重国防，一定程度上忽略了经济发展。

正是这些地理环境和历史积累的原因，这个地区呈现“两高”“一低”“一差”“三重”的特征。“两高”指的是贫困人口占比高、贫困发生率高；“一低”指的是人均可支配收入低；“一差”指的是基础设施和住房差；“三重”指的是低保五保贫困人口脱贫任务重、因病致贫返贫人口脱贫任务重、贫困老人脱贫任务重。

根据中共中央的指示，国务院出台多项政策，扶植“三区三州”的经济发展。针对这里交通不便的状况，国家在完成青藏铁路的同时，又开始完善国道、省道和铁路的连接，争取做到村村通公路，县县通铁路，市市通航运。由于地理环境复杂，还需要一段时间完成。

“三区三州”地区自然景观奇特，历史文化悠久，民族和宗教风情浓厚，具有得天独厚的旅游资源。结合地区实际，国家重点推进“铁路＋文化旅游”的扶贫新模式，设计推广“三区三州”旅游大环线。大环线全长约 1.1 万公里，以 G30、G314、G3012、G219、G318、G214、G213 等核心路段为支撑，以“三区三州”所在青藏高原区为核心，以兰州、乌鲁木齐、成都、拉萨、昆明、西宁六个省会城市为中心，以敦煌、喀什、林芝、大理为次级中转枢纽，串联了丝绸之路、茶马古道、唐蕃古道等人文旅游路线，以及新藏公路、珠穆朗玛峰、三江并流等地理旅游路线。

按照各地旅游特色的不同，大环线包括 4 条支线、6 条主体线路、56 条世界级徒步旅游路线，像血管一样连接了“三区三州”整个地区。以北段和西段的“丝绸文化经典线”为例，沿线拥有灿烂的文化遗产和美丽的自然景观。这条线路以兰州作为起点，穿过河西走廊、祁连山、天山、昆仑山，途径准噶尔盆地、塔里木盆地、塔克拉玛干沙漠抵达喀什，沿途既可欣赏雪山、绿洲、流沙、戈壁、丹霞地貌、雅丹地貌等自然风光，又可欣赏嘉峪关、敦煌莫高窟、火焰山、天山天池、丝绸古道等文化遗迹。

一系列的措施实现了“三区三州”千百年以来的脱贫梦想，奠定了可持续发展的基础，人们的生活得到了切实提升。2019年12月，西藏自治区脱贫攻坚指挥部发布公告，日喀则市谢通门县等19个县区退出贫困县行列，西藏贫困县全部摘帽。这在自治区发展史上具有里程碑意义，为全面建成小康社会打下了坚实基础。以拉萨、日喀则、林芝为代表的高原城市迎来高速发展，藏族人民生活在节日般的喜庆与欢乐中。

拉萨，古称“逻些”，又名“日光城”，位于雅鲁藏布江支流拉萨河北岸、喜马拉雅山北侧，自古以来就是青藏高原的政治、文化和经济中心，也是藏传佛教的圣地。曾经，中国人民解放军和平解放西藏，当地的农奴翻身做了国家的主人，热烈欢迎中国共产党的领导。现在，拉萨作为雪域高原的中心城市，不但摆脱了贫困，而且实现了共同富裕，成为一座具有民族和高原特色的幸福之城、小康之城和国际旅游之城。

鲁朗镇位于西藏自治区林芝市巴宜区，属于广东省定点扶贫区域。这里有世界顶级的自然生态资源和藏地人文历史，以前“养在深闺人未识”，没有多少人知道。广东省将鲁朗镇作为林芝旅游的核心区域来建设，引导省内的知名企业参与开发。

经过几年的建设，鲁朗镇乃至整个林芝地区形成了独特的旅游品牌，以山水风情和文化体验为两大支撑，以生态旅游为载体，构筑起全方位立体式的旅游体系。

甘肃省临夏州东乡族自治县地处“三区三州”，是中国唯一一个以东乡族为主体的少数民族自治县，高山乡布楞沟村更是习近平总书记在党的十八大以后调研的第一个民族贫困地区。这里生存环境恶劣，基础设施薄弱，贫困程度深，群众关心的吃水、行路、上学、就医、就业、增收、增产、养老等问题亟待解决。

县乡两级政府狠抓植树造林工程，种植各类树木 10 万多株，完成了退耕还林。中石化集团作为对口支援单位，改造高标准机修梯田，增强土地的蓄水和沃水能力，解决了严重的水土流失问题。同时，在村里安装太阳能路灯、修建公路、放置垃圾箱、埋设自来水管、建造蓄水池，彻底解决了人畜用水问题。现代化的村建小学也投入使用，开设学前班，配齐幼儿教师。没过几年，村里的面貌大变，户户通上电，人人住好房。

拉萨、鲁朗镇和布楞沟村是“三区三州”地区发展的代表，体现了整个时代的进步。习近平总书记指出：“脱贫攻坚已经到了啃硬骨头、攻坚拔寨的冲刺阶段，必须以更大的决心、更明确的思路、更精准的举措、超常规的力度，众志成城实现脱贫攻坚目标，决不能落下一个贫困地区、一个贫困群众。”① 中国

① 《习近平谈治国理政》第 2 卷，外文出版社 2017 年版，第 84 页。

共产党的初心和使命是为中国人民谋幸福，为中华民族谋复兴。让一部分人先富起来，先富带动后富，彰显了社会主义制度的优越性。

精准扶贫、精准脱贫是新时代的创举，吹响了贫困人口脱贫的冲锋号。一个也不能少，一个也不能落下，是习近平总书记的庄严承诺，更是中国共产党的历史任务。历史的车轮滚滚向前，中国的进步举世瞩目，“三区三州”地区彻底摆脱贫苦，体现了中国共产党对少数民族的关怀和照顾。绝对贫困成为历史，相对贫困的缓解也在进行，乡村振兴成为新的奋斗目标。

二、十八洞村的质变

十八洞村隶属湖南省湘西土家族苗族自治州花垣县排碧乡，位于湖南省西部和武陵山脉中段。这里原本是一个具有浓厚苗族文化底蕴却经济发展相对滞后的村落，因为村内有 18 个天然溶洞而得名，近几年作为“精准扶贫”的首倡地被人熟知。

2013 年 11 月，习近平总书记来到十八洞村，看到这里闭塞落后，青壮年都到城里打工，留下的只有老人、妇女和儿童，非常感慨。习近平总书记提出了精准扶贫的概念，从此，全国开启了精准扶贫、精准脱贫攻坚战。

随后，花垣县组织了扶贫工作队进驻十八洞村。工作队与村民们一起修通了进出村落的道路，改建了厕所，架设了电线，几个月就让十八洞村有了改观。解决了群众最关心的生活问题，还要提出长远的愿景。经过周密规划，花垣县将队伍建设、提升村民素质、发展猕猴桃种植和乡村旅游作为主攻方向。

针对过去村领导班子软弱的问题，县乡两级狠抓队伍建设，让党组织成为坚强的战斗堡垒。5名会苗语的干部充实进来，选派第一书记常年驻村，全力支持村里工作。同时引入1名大学生村官和3名产业带头人，协助完成十八洞村的扶贫攻坚重任。

过去的扶贫是一种大水漫灌的方式，既对扶贫对象缺乏精准性，又对产业布局缺乏长远性。现在按照精准扶贫，要体现在确定扶贫对象、开展帮扶项目、完善审核机制整个过程中，不漏帮一人，也不错帮一人。

2014年，国家还没有出台识别贫困户并建档立卡的精准识别方式。为了取得村民的信任，也让精准扶贫落到实处，工作队临时制定《十八洞村精准扶贫贫困户识别工作办法》，明确了“贫困户识别九不评”的标准，即吃财政饭的不评，有车的不评，有楼房的不评，在县城买了商品房的不评，有小加工企业的不评，全家外出务工的不评，违反计划生育政策的不评，违法违纪的不评，不支持村里公益建设的不评。

同时，严格遵循“户主申请、群众评议、三级会审、公告公示、乡镇审核、县级审批、入户登记”的程序。那时家家都想当贫困户，当上贫困户意味着获得各种各样的补助和福利，几乎所有的家庭都提出了申请。在一个村子里，谁是贫困户，谁不是贫困户，谁家什么情况，谁家有没有隐瞒收入，村民最清楚。工作队以村民小组为单位，召开村民大会，请村民对照各户材料和“九不评”的标准投票。

经过一轮轮筛查和探访，终于确定了真正的贫困户。这次评定获得了村民的高度肯定，没有评上的也都发自内心的服气。比如，和习近平总书记握过手的退休教师杨东仕，就没有评上贫困户，因为他每个月领4000多元的退休工资。

部分村民存在严重的“等、靠、要”和“求、粘、赖”的思想，一开会就张嘴要钱，一看到利益就往上冲，一遇到事情就往后躲。无论是修路、架电线杆，还是整地、发展项目，村民心里总是藏着一个小我，缺乏集体精神和奉献精神。如果村民不支持村里的公益建设，扶贫工作无法持久推进，也不可能取得成效。

扶贫一定要扶志，思想是行动的先导，思想转变了工作自然能够顺利开展。工作队和村委会多次召开村民大会，把思想工作放在首位来抓，将国家的惠民扶贫政策讲深讲透。工作队为了提升村民的荣誉感，还在村里搞起了星级化管理，通过村民互评和打分，给每家每户贴上星级牌。排在后面的落后群众实在不好意思，总感觉在村里抬不起头，转而积极地参与村里事务。

一个地区要想摆脱贫困、实现富裕，还是要依靠支柱产业，加强政府、农户和公司的三结合。花垣县委、县政府将苗汉子野生蔬菜公司引入村里，与村民签订猕猴桃订购合同。由于思想保守，习惯单打独斗，村民对大规模种植猕猴桃有抵触心理。扶贫干部挨家挨户做思想工作，给老百姓算细账，带着村民到外地参观猕猴桃种植基地。

发展一个产业，带动一片农户，实现一方脱贫。村民逐渐认识到，种植猕猴桃能够带来收入，也能够促进当地的旅游发展。绝大多数村民种上了猕猴桃，以股份合作的新模式，一共发展猕猴桃产业 1000 亩，其中包括 100 亩建设示范基地。除了猕猴桃，村民还发展出野生蔬菜、水稻、烤烟等绿色农业种植。

十八洞村辖区内有丰富的旅游资源，包括莲台山林场、黄马岩、乌龙一线天、背儿山、擎天柱等风景点。特别是十八溶洞，洞洞相连，巧夺天工，神态各异，让人流连忘返。工作队号召村民利用山、洞、瀑、溪、雾、谷等自然景观，以及习近平总书记考察的影响力，发展乡村休闲旅游和红色文化旅游。发展旅游就要有配套设施，路通了，专供住宿和吃饭的农家乐还没有建起来。

开始，村民根本就不接受这种做法，觉得谁会来这个穷乡僻壤，开农家乐不可能赚到钱。工作队说服不了村民，就自己动手示范。他们借用一户外出打工的村民房子，买来桌椅碗筷，亲自上阵买菜做饭，开起了十八洞村第一家农家乐。从此，进山旅游的旅客和考察学习的干部不再入驻村委会，而是直接来到农家乐。

村民一看赚了钱，心思都活了起来，纷纷开起了农家乐，接待游客和干部吃饭住宿。工作队还制定出一个“113”工程，推动乡村旅游发展，给全村每一户发10棵冬桃树苗、10棵黄桃树苗、300尾稻花鱼。种桃树的目的不是摘桃子，而是将桃树的采摘权对外营销，每棵定价418元。

买下桃树采摘权的人成为十八洞村的荣誉村民，过来旅游不收费。就这一项，共卖出4100多棵桃树的采摘权，给村民带来170多万元收入。这些创新思维不仅让大家回忆起习近平总书记的指示精神，而且带动了旅游热潮。更多的人来到十八洞村，在自然景观中徜徉时感受红色文化的魅力。

当地政府还因户施策，组织村民外出学习，开展技术培训。会说普通话的年轻人当起了导游，老年人在家门口摆起了山货摊，村委干部当起了解说员。人与自然实现了和谐相处，经济建设和原生态保护实现了协调统一，当代思维与民族特色实现了完美结合。

经过几年的奋战，十八洞村发展迅猛、变化很大，全村的人均收入由2013年的1600多元达到了2020年的10000多元。常年在外打工的人回来了，山川也更美丽了，真正实现了天更蓝、山更绿、水更清、村更古、人更美、情更浓。村民在工作队的引导下，成立了苗绣、养殖等8个合作社，将传统的苗族织锦、苗绣屏风、苗家腊肉在网上销售，展现了不一样的苗族风情。

十八洞村精准识别的533人全部实现脱贫，其中包括兜底贫困户6户11人，村贫困发生率是1.17%，低于整村脱贫3%的上限。十八洞村委会向上级提交了贫困村退出申请书，花垣县、湘西州、湖南省陆续派人考核，确定全村贫困人口达到了“两不愁三保障”，即不愁吃、不愁穿，义务教育、基本医疗、住房安全有保障。

2017年2月，湖南省扶贫办宣布十八洞村脱贫摘帽。2018年3月，十八洞村山泉水作为步步高集团的支援项目，正式上线投产。十八洞村集体固定享有15%的收益，每销售1瓶山泉水就有1分钱存入扶贫基金。

招商会上，180家单位订购了10万箱十八洞山泉水。饮水思源，十八洞村民积极配合步步高集团，努力将十八洞山泉水这个扶贫品牌打造成享誉全国的知名品牌。

曾经的十八洞村，是“三沟两岔山旮旯，红薯洋芋苞谷粑；要想吃顿大米饭，除非生病有娃娃”。全村225户939人，贫困发生率超过50%。因为贫困，十八洞村成了有名的“光棍村”，光是40岁以上的光棍就有48人，年轻姑娘不愿嫁进来，嫁进来也是催促着赶紧出外打工。

如今的十八洞村，村民有着稳定的收入来源和丰富的文体娱乐活动，处处体现着社会主义新农村建设的成就。人人精神焕发，信心满满，充满干劲，处处洋溢着社会主义主旋律和正能量。脱贫后的村民怀着朴实真挚的感恩，向乡村振兴的新目标稳步前行。

三、井冈山的幸福之路

井冈山现在已经成为江西省县级市，由吉安市代管，人民实现了脱贫致富，处处呈现着祥和的气氛。每年都有无数的人来到这里旅游，感受红色文化，欣赏自然美景。

退回几十年前甚至几百年前，完全不是这个情景。这里山高林密，地势险要，生存环境恶劣。只有零星的村落散落在山间平原。很多人受战乱的影响迁居于此，寻找一处安全之地，却总是在温饱线上徘徊。晚清民国，井冈山地区发展更加受限，人民普遍吃不饱饭。贫苦农民揭竿而起，当了绿林好汉。国民大革命时期，王佐和袁文才是有名的山大王，一个在山上一个在山下，互为掎角之势。

1927 年 9 月，毛泽东率领工农革命军发动湘赣边秋收起义，进攻受挫后辗转来到罗霄山脉，开辟了井冈山革命根据地。毛泽东在这里颁布了中国共产党历史上第一个土地法——《井冈山土地法》，拉开了打土豪分田地、贫苦农民翻身做主人的序幕。星星之火成燎原之势，中国共产党最终于 1949 年取得革命的胜利。

井冈山作为中国革命的起点和摇篮，追随中国共产党参加革命的共有 18 万人，有名有姓的烈士多达 5 万多名。不忘初心，牢记使命，吃水不忘挖井人，让老区人民脱离贫困、实现小康是革命先烈的未尽夙愿，也是党对红色故土的庄严承诺。当年的老区人民为革命胜利做出了不可磨灭的贡献，现在中国共产党领导现代化建设取得非凡的历史成就，中国综合国力提升了，就要反哺老区人民。

井冈山地处山区，因为恶劣的生存环境和历史的长期积累，发展一直很缓慢。经济总量较小，结构也不合理，农业机械化无法展开，大规模工业难以引入。自身造血功能不足，习惯性地依靠国家补助，公共服务水平不高。

2014 年初，新中国都已经成立 60 多年，井冈山竟然还存在严重贫困现象，包括 44 个贫困村、4638 户 16934 名农村贫困人口。已经脱贫的人口也不稳定，遇到天灾病患容易返贫。有些困难群众还生活在破旧的土屋和吊脚楼，青壮年出外打工，留下老弱妇孺，地区发展更加受限。

2016 年 2 月，习近平总书记带着对老区人民的深情厚谊，再次来到井冈山，明确指出：“井冈山时期留给我们最为宝贵的财富，就是跨越时空的井冈山精神。井冈山精神，最重要的方面就是坚定信念、艰苦奋斗，实事求是、敢闯新路，依靠群众、勇于胜利。对弘扬井冈山精神，毛泽东同志、江泽民同志、胡锦涛同志都提出了明确要求。今天，我们要结合新的时代条件，让井冈山精神放射出新的时代光芒。”[①]

① 习近平：《论中国共产党历史》，中央文献出版社 2021 年版，第 112 页。

井冈山市委、市政府为了发扬井冈山精神，也为了践行精准扶贫，首先建立干部帮扶机制，明确规定县处级领导帮扶 3 个贫困户、科级干部帮扶 2 个贫困户，一般干部帮扶 1 个贫困户。真正做到村村都有帮扶队，每个村选派 1 个第一书记，1 个贫困户确定至少 1 名帮扶责任人。全市 3000 多名干部深入扶贫第一线，共同谋划共同思考，将扶贫措施落到实处。

精准发力，实施红蓝卡识别，红卡发给特困户，蓝卡发给一般贫困户，区分不同层次，精确扫描每一个贫困户。这就消除了笼统数据和大概印象的弊端，聚焦有多大贫困面、有多少贫困人口、有多少扶贫项目。贫困户的产生和退出是个动态过程，精准扶贫完善了动态化管理机制，确保户有卡、村有册、乡有簿、市有电子档案，一查就清，公开透明。

识别过程按照“本人申请、村级初核、乡镇把关、群众公认”原则，坚持“一访、二榜、三会、四议、五核”五个步骤。“一访”即走访农户；“二榜”即在村和圩镇张榜集中公示；“三会”即村民代表大会、村两委会、乡镇场党政班子会通过；“四议”即村民小组提议、村民评议、村两委审议、乡镇场党政班子决议；“五核”即村民小组核对、村两委审核、驻村工作组核实、乡仲裁小组核查、乡镇场党政班子会初核，如此全部完成才算确定了贫困户。

在摸清贫困底数的基础上，当地对症下药，整合资金，因地制宜，因人施策。突出产业扶贫、安居扶贫、保障扶贫三大工程，让项目围着穷人转，激活困难群众的“造血”功能。有能力的困难群众扶起来，扶不了的困难群众带起来，带不了的困难群众保起来，做好兜底工程。

产业是一个地区长远发展的关键，发展致富产业要找准致富门径，变资源为资产，变资金为股金，变农民为股东。井冈山实施“一户一块茶园、一户一块竹林、一户一块果园、一户一人务工”的“四个一”产业发展模式，重点打造20万亩茶叶、30万亩毛竹、10万亩果业种植加工基地的“231”富民工程。

井冈山具有美丽的自然风光和丰富的红色文化，市委、市政府深入挖掘旅游资源，坚持以旅游开发带动扶贫。以前来井冈山游玩都是一天行程，为了拓宽旅游思路，当地发展出大井冈旅游文化圈和湘赣旅游圈。一系列融合农业观光、农家乐、休闲度假、红色教育的全景全域旅游应运而生，体现了差异化和个体化，带动了整个地区的发展。

针对该地还有大量的土坯房，当地全力推进安居工程，确保困难群众建得起、建得好、住得起、住得好。通过政府补一点、群众出一点、社会捐一点、银行贷一点、扶贫资金给一点，采用拆旧建新、维修加固、移民搬迁、政府代建四种形式，实现户户有其屋，户户安居乐业。

扶贫过程中，当地也积极推进社会保障建设，将社会保障与扶贫有机结合。部分缺乏劳动能力的困难群众被纳入社会保障体系，让困难群众不再为日常生活发愁，不再为柴米油盐酱醋茶犯难。通过建设村级卫生室、乡镇医疗流动站点、开展巡回医疗等形式，确保没有人再因为大病重病返贫。对贫困户的子女实施学费减免，覆盖从学前到大学的全部阶段，消除贫困的代际传承。

井冈山市先后投资1000多万元，兴建并扩建5个农民培训基地，分期分批地传授种植技术、养殖技术和务工技术。一批掌握先进技能的新型农民成长起来，“土专家”“田秀才”“打工精英”大量出现。

技术改变生活，也改变贫困户的精神面貌和物质面貌。经过几年的扶持，井冈山市涌现出种养专业大户162个农林产品加工大户42个，农用产品运输大户76个，年创收达800余万元；培育水果、瓜菜、中药材、楠竹栽种基地23个，总面积达5700亩。

建设社会主义新农村，一定要注重建设生态文明，沼气就是一个很好的绿色能源。正如宣传语写得那样：“沼气是个宝，综合利用好；既养殖来又种植，农民增收效益高；节柴省煤又省电，经济实用最环保；农户建口沼气池，发家致富真需要……”

政府主导沼气建设，将其与建设绿色家园紧密结合，纳入乡村的长远发展规划。沼气池建好后，猪进圈、粪进池、沼渣沼液进田地。农民不但获得了清洁能源，还生产出了有机肥，改善了生活环境，减少了垃圾制造，取得了一举多得的成效。

茫茫山野，悠悠岁月，承载着热血与奋进的天空。现在的井冈山，哪怕最偏僻的村落，也都实现了村村通电、村村通网，村村通自来水，村村通水泥路，村村实现了产业开发。游客们来到井冈山，看到的是一处处崭新的房屋，一条条宽阔的道路，一张张洋溢着幸福的笑脸。井冈山精神在新时代得到了再次呈现，也得到了再次发扬。

中国共产党人践行的初心和使命，就是为中国人民谋幸福，为中华民族谋复兴。作为星星之火、可以燎原的革命老区，井冈山走出了一条以产业为根、以立志为本、以自力更生为手段的乡村振兴之路，也走出了一条奋勇先前、不忘初衷、牢记使命的富国安民之路。

结 语　历史铸就未来，时代铸就辉煌！

古人云：欲知大道，必先为史。以史为镜，可以知兴替，可以明事理。历史铸就未来，我们从中可以汲取前进的动力，明晰前进的方向。中国经历了太多的苦难，也战胜了太多的困难，无论多么大的苦难或困难，只会让这个古老的国度凤凰涅槃，获得再出发的动力。

每一个中国学者都充满着浓厚的家国情怀，不是站在墙头看热闹的看客。每一代人都有属于自己的时代，时代在每一代人心里打下深深的烙印。抚今追昔，心中充满无限的感慨。

本书侧重案例的讲解，注重趣味性和知识性的结合。在充分吸收前人成果，尤其是部分新闻报道和报告文学的基础上，我尽可能保留原来那些生动形象的对话和具体的数据。

祝愿每位青少年都不辜负这个时代，清晰感受并把握时代脉搏，在时代大潮中做一个弄潮儿；祝愿每位青少年鼓足干劲，学好专业知识，为社会主义建设贡献一份才智；祝愿每位青少年通过阅读本书，在心灵的激荡、思想的碰撞中，明晰中国复兴历程，感受各个历史时期的时代脉动，了解当代中国的基本国情，共同铸就伟大的中国梦。

刘大胜

2024 年 1 月 1 日